自覺之道

星雲大師——著
林明昌——策劃

般若波羅蜜多心經

觀自在菩薩
行深般若波羅蜜多時
照見五蘊皆空　度一切苦厄
舍利子
色不異空　空不異色
色即是空　空即是色
受想行識亦復如是
舍利子
是諸法空相　不生不滅
不垢不淨　不增不減
是故空中無色　無受想行識
無眼耳鼻舌身意
無色聲香味觸法
無眼界　乃至無意識界
無無明　亦無無明盡
乃至無老死　亦無老死盡

無智亦無得
以無所得故　菩提薩埵
依般若波羅蜜多故
心無罣礙　無罣礙故
無有恐怖　遠離顛倒夢想
究竟涅槃　三世諸佛
依般若波羅蜜多故
得阿耨多羅三藐三菩提
故知般若波羅蜜多
是大神咒　是大明咒
是無上咒　是無等等咒
能除一切苦　真實不虛
故說般若波羅蜜多咒
即說咒曰
揭諦揭諦　波羅揭諦
波羅僧揭諦　菩提薩婆訶

星雲九十

星雲大師的自學人生

1 成長的人生

諸佛歡喜——一至十歲

生長於平凡窮苦的農村，源自天性及承自血緣，一位勤勞、慈悲、喜捨，自小展露慧心的小孩，未來將走出不同於多數人的道路。

11 學習的人生

千金一諾——十一至二十歲

十二歲出家，儀軌、紀律、逆境，以及不斷地學習，激發出智慧，陶冶良好性格。養成的「人生三百歲」的觀念，加成之後數十載的弘法利生生涯。

21 參學的人生

心甘情願——二十一至三十歲

承擔起教育責任，親炙佛教大德，二十三歲來台，從一無所有到駐錫宜蘭，繼而行遍台灣，奠基高雄，播撒「人間佛教」種子，描繪出佛教的發展藍圖。

31

文學的人生

佛教靠我——三十一至四十歲

從事寫作弘法，以文會友帶動佛教文化，創辦壽山佛學院使佛教走入青年，培養專業化、現代化的佛門龍象，為佛教帶來新氣象。

41

哲學的人生

皆大歡喜——四十一至五十歲

從佛法義理開拓及昇華哲思，做為僧信們精進的榜樣。開創佛光山，建立僧團，訂定組織制度及確立宗旨，逐步具體實踐「人間佛教」的理想。

51

歷史的人生

永不退票——五十一至六十歲

正信佛教進入校園、監獄、軍隊，成立國際佛光會，確立佛教七眾共有、僧信平等。成立「大藏經編修委員會」，為佛教經典注入新生命力。

61

倫理的人生

有情有義——六十一至七十歲

人間佛教具有人間性格、人間倫理、人間秩序的特性。舉辦佛光親屬會以及成立功德主會等等，期勉眾生親近佛光淨土，厚植同體共生的觀念，廣結善緣，淨化社會。

71 佛學的人生

一半一半——七十一至八十歲

歷經信佛、拜佛、學佛、行佛的體證，「人間佛教」思想體系逐漸完備。領悟人生的真實意義——有佛法就有辦法，人間佛教就是佛法。人間佛教，將持續拓展人間淨土。

81 佛緣的人生

隨心自在——八十一歲以後

近百年佛緣，重重波折裡秉持信念、隨緣自在，逐步實現「為了佛教」的願心，完成的事功，是佛光山僧信的光榮，是佛陀的眷顧，是人間因緣的成就。

目次

壹、星雲大師談自學

我的自學過程

幼年啟蒙於長輩

我一生沒有進過學校念書，不要說沒有小學畢業，我連幼稚園的畢業證書都沒有，但這不表示我沒有讀書學習。所謂「活到老，學不了」，即便到了這把高齡，因為眼睛看不到，我還要求徒眾輪流讀書給我聽。

回憶幼年，我沒有受過學校教育，也沒有完整的家庭教育，但生性有一個「自我教育」的性格。所謂「自我教育」，就是「自覺」，覺察到自己需要學習做人，需要學習做事，才能成為有用的人才。

所以，回想起幼年時期的我，應該是一個禮貌的孩子，跟隨外婆，經常在各個佛堂走動。好像在周遭的人事，也從來沒有人責罵過我或嫌棄過我，他們都喜歡我這個小孩。大概我的幼年也有討人喜歡的條件吧！

記得我幼小的時候，聽外婆在佛堂裡唱的詩歌：「善似青松惡似花，看看眼前不如它；有朝一日遭霜打，只見青松不見花。」又例如〈因果偈〉說：「善有善報，惡有惡報，不是不報，時辰未到。」一時隔八十多年，至今，當時唱詩歌的那許多情況，如同還在我的眼前。

我雖是一個男孩子，但我喜歡做家務，掃地、洗碗、燒火，甚至於偶爾做一點簡單的飯菜，非常勤勞地從事家庭工作。因為家貧，不得不幫助父母解貧救難。還在幼童時期，我就喜歡撿拾人家丟棄的廢物，像杏仁的子、李子的核，人家吃了就不要了，我把它聚集起來，賣給中藥店，也能換幾個零錢。

我也經常早晨撿狗屎、晚間拾牛糞，狗屎可以做肥料、牛糞可以當柴燒，還記得換來那幾個小錢給母親的時候，她非常地歡喜，我也很高興。尤其在十歲那一年，七七蘆溝橋事件發生，家鄉給戰火燒得面目全非，房屋也都燒光了，到處都是瓦礫。我和另外一些同伴，就從那些瓦礫中，挖掘一些鐵釘、銅片，也可以賣幾個錢。現在回想起來，也算是一種資源回收吧！

那個時候，倒也不是完全為了賺錢，我想，人生就是一種學習，自己不能像一般的兒童可以到學校裡念書，但我可以學習做人、學習做事，也不算荒廢童年的時光。

我在初出家時，雖然年齡只有十二歲，但也不是全然無知，可以說，也能認識幾百個漢字。那都是從不認識字的母親，在我講話錯誤、說話不當的時候，告訴我正確的語言應該怎麼說而認識的。我曾經上過幾天的私塾，應該也幫助我認得幾個字。

青少淬鍊於叢林

出家的時候，師父跟母親承諾可以給我念書，實際上，當時身處硝煙瀰漫的戰區，僧團也一樣三餐難繼，平時也沒有人提讀書這件事。偶爾有一位老師要來上課，敲鐘集眾時，大家反而奇怪地相互問道：「為什麼要打鐘？有誰來教課呢？」

其實，教我們的老師也沒有學過教育，可能也沒有讀過什麼書，只是因為年齡比我們大，參學時間比我們久，我們都尊之為老師。有時候為我們上課，寫黑板的板書，連位置都不適當，教書時解釋詞彙，也感覺到不很高明。儘管如此，我就從不高明的教學中，學習到自己以後應該要怎麼樣寫黑板字、怎麼樣解釋課文的詞句。所以我覺得，有好的師資，固然是我們學子的福氣；沒有好的老師，只要他正派、擁有知識，從不高明、不究竟裡，也能學到一些道理吧！

現在回憶起來，我在棲霞山寺七、八年的歲月，課程確實有些講不好，有的太深奧。例如，老師跟我們講「如來藏」、「十八空」、「八識」、「二無我」，我完全聽不懂意義，或者講《因明論》、《俱舍論》，我聽了真是如聾若啞。記得有一次，老師教我們寫作文，題目是〈以菩提無住直顯般若論〉，很慚愧，就是現在叫我來講說，都非常困難，更不要說那個青少年的我不懂得這個意義了，只得去別的書上抄錄一些來應付交卷。

老師批示下來：「兩隻黃鸝鳴翠柳，一行白鷺上青天。」我還甚為得意老師批了詩句給我。後來學長跟我說：「兩隻黃鸝在叫，你聽得懂牠在叫什麼嗎？一行白鷺鷥在空中飛翔，你了解是什麼意思嗎？」我說：「我不懂。」他說：「所以老師講你寫的是『不知所云』。」我慚愧不已，不敢再隨便亂說。

在棲霞山參學期中，不准外出，不准看報，佛學經文以外的書籍，當然更不可以碰觸了。但有一次在路邊，見到一本不知道誰丟棄的《精忠岳傳》小書，彩色的封面，畫著岳飛跪在地上，他的母親在他的背上刺了四個字「精忠報國」。這四字，好像觸動了我的心弦，我覺得做人應當如是。後來，我把「精忠報國」的理念用於生活，忠於工作、忠於承諾、忠於責任、忠於信仰。現在回想起來，《精忠岳傳》就是當初第一本對我啟蒙的書籍了。

老師教的佛法，我雖然不懂，但是在圖書館裡，有一本黃智海著作的《阿彌陀經白話解釋》，讓我看得真是忘我入迷，覺得佛教真好，原來有一個淨土極樂世界，那裡面有自然界的美景、社會人事的和諧，所謂「七寶行樹」、「八功德水」，那麼美好莊嚴、那麼和樂安詳，實在是人生的天堂啊！對於修行學道，就感到更增加信心了。

棲霞歲月勤扎根

我非常僥倖地，在十五歲的時候就登壇受比丘三壇大戒。戒期中，除了睡眠不夠、飯食不飽、老師的打罵以外，並沒有什麼特殊的感受。假如說有的話，就是覺得在受戒期中，什麼苦難、什麼委屈，一切都是當然的，因為自己正在受教。想來，我能熬過青少年時期遭受的專制、委屈，主要就是靠著自己把打罵、責難都視為是「當然的」。

在受戒之後，除了偶爾課堂裡的學習，我就更加投身於苦行的行列。挑水、擔柴，光是行堂，每日三餐為人添飯、洗碗，就做了六、七年。在大陸，嚴寒的冬季，每餐在冰冷的水裡洗幾百個碗盤，手掌都凍裂破綻，還可以看到鮮紅的肉塊。要再下水洗碗，實在痛徹心肝，但除了忍耐以外，又有什麼別的辦法呢？所以，回憶起人生，忍耐苦難，實在是青年學子學習的增上緣。如果有人越是能經得起刻骨銘心的苦難，能夠忍受得了，他必然越是能夠成功。我覺得，發心苦行也能開悟。

我在棲霞山受教的期中，自覺有三次最為受用：

第一次，抗戰初期，棲霞山的鄉村師範學校撤離到大後方（重慶）去了，所有散落的書，像《活頁文選》，在路上遍地皆是。後來，我們把它撿回來，成立一個小型的圖書館「活頁文選室」。佛書我看不懂，就看小說，從中國的民間故事《封神榜》、《七俠五義》、《梁山伯與祝英台七世因緣》，一直看到《三國演義》、《水滸傳》，甚至於《格林童話集》、《安徒生童話集》、法國大仲馬的《基度山恩仇記》、小仲馬的《茶花女》，乃至英國《莎士比亞全集》、蘇聯托爾斯泰的《戰爭與和平》、印度泰戈爾的詩集等許多大文豪偉大的作品。雖然還是一知半解，但從中也是獲益無窮。

第二次，除了眼睛看書學習以外，耳朵也很幫忙。那許多年長的前輩，他們雖不是很有學問，但講起佛教來，歷歷如在眼前，往事、歷史，聽得我如醉如痴、心儀不已。例如：圓瑛大師和太虛大師結拜兄弟，仁山法師大鬧金山，

大師幼年就讀的南京「棲霞律學院」山門。

「洞庭波送一僧來」的八指頭陀，清涼寺靜波老和尚的種種軼事，印光大師的《文鈔》，弘一律師的才子佳人等等。

第三次，最重要的，應該是禮拜觀世音菩薩的體證。承蒙佛菩薩的加被，讓我從少年的星雲，而可以一躍為青年的星雲；從無知的佛子，到對佛法深刻體會的修持；從愚痴懵懂，而慢慢知道一些般若智慧的訊息，這大概是受益最大，我應該感謝諸佛菩薩的慈悲恩德了。

廣讀各家「做中學」

十八歲那一年，也是抗日戰爭的末期，我到了焦山佛學院，我應該懂得自學了。每個月我發行一本刊物，內容都是自己手寫的，並且把它命名為「我的園地」，讀者只有我一個人。內容包括卷首語、社論、佛學講座，也有散文、小說、詩歌，甚至編後記。因為都是自我抄寫、自我練習，文字的力量深深地刻印在心版上，這對我後來寫作，對多方文體看起來都能應付，應該關係很大。

尤其這個時候，胡適之的《胡適文存》，梁啟超的《佛學十八篇》，王季同的《佛學與科學的比較》，尤智表的《佛教科學觀》、《一個科學者研究佛經的報告》，以及《海潮音》、《中流》月刊，對我也幫助很大，我每讀到好道理，都把它記在筆記本上。甚至魯迅、巴金、老舍、茅盾、沈從文等當代文學大家的作品，也讓我非常嚮往，乃至陳衡哲的《小雨點》、冰心的《寄小讀者》等，我都受了一些影響。

在焦山授課的老師就不像過去簡

單了。我記得有當初太虛大師門下第一佛學泰斗芝峰法師，有北京大學教授薛劍園老師，有善於講說《俱舍論》的專家圓湛法師，還有一些老莊哲學、四書五經，甚至於代數、幾何等課程。我在那一、兩年中，如飢如渴地飽嘗法味。一有空檔，還有一些小文、小詩投稿在鎮江的各個報刊，給予自己的鼓勵很大。

我在焦山，除了寫過〈一封無法投遞的信〉給我生死未卜、不知何在的父親，以及〈平等下的犧牲者〉，還寫了一篇〈鈔票旅行記〉，雖然自己沒有用過錢，但是我有一個頭腦、有一點新思，真好像自己開悟了一樣，學什麼都感到得心應手。

在焦山期間，還有半年就能畢業，因為對院方的改制不滿，我放棄了畢業典禮，寫信獲得家師的同意，在民國三十六年（一九四七）冬天，帶我回到祖庭大覺寺禮祖，並且在鄉下一個學校裡做一名小學校長，讓我學以致用，給我一個「做中學」的試驗場所。

甚至，後來到南京擔任短期的住持，對於過去青少年期間學習的叢林規

矩，加以運用，讓自己不至於荒廢時光。就好像海陸空三軍一樣，我參學過佛門的律下寶華山學戒堂、宗下金山江天寺、常州天寧寺的禪堂、教下焦山定慧寺的佛學院等，雖沒有深入，也都能沾到一些理事圓融。影響所及，現在我也自己能做戒師了，在佛光山多次傳戒，對於有些規矩也能做一些改進，這不能不歸因於當時參學各宗各派時扎下的基礎。

在南京只有短短一年多時間，我和道友們在華藏寺提倡「佛教新生活運動」，以白塔山辦《怒濤》雜誌的經驗，就推動起革新舊有的佛教，向新佛教邁進一步了。這也算開拓了我的思想，成為我走上弘法利生的最大助緣。

三教九流皆我師

來到台灣以後，雖然我不是什麼很高明的人，但樂於與人同享知識。在中壢圓光寺掛單的時候，就有不少的人，三、五人一組，由我跟他們講授國文、淺顯的佛經。尤其民國三十八年（一九四九）的時代，在新竹青草湖台灣佛教講習會（佛學院）擔任教務主任，一面教學相長，一面服務行政，一面率領學生修持。邊學邊教，一個學期忙下來，應該消瘦不只七、八公斤，可見我對教學的熱忱和用心了。

後來到了宜蘭，我不會音樂，但我為大家作了許多歌詞，如：〈弘法者之歌〉、〈快皈投佛陀座下〉、〈西方〉、〈鐘聲〉、〈佛化婚禮祝歌〉等。我不懂文藝，只是稍懂一點文學，卻在宜蘭開起文藝班授課。也是有限的佛法，竟在那裡講經開座，弘法利生。

漸漸地，經常有各界人士來拜

新竹青草湖台灣佛教講習會師生。前排左起：志定、性定、慧定、善定（右一）等法師。後排左起：心然、心悟、煮雲、大師。（1951年）

訪，見到我，教書的老師談一些教育的經驗；商界人士跟我談經營買賣的過程；軍人來了，講一些軍中戰爭的情況；政治家也會說一些政治的人我是非……。這是因為那個時候，大陸一些學者、專家、名流集中到台灣來，他們也不容易找到對象談話，知道在宜蘭雷音寺小廟裡，有一個能與人對談的和尚，所以就來找我談論了。

我得到他們的教導，就和一名學生一樣，每天有很多的老師好像送上門來似地，教我學習百科全書。我就這樣跟著大眾學習，把社會當做學校，不要說「三人行必有我師焉」，可以說，任何人都可以做我的老師了。

這些學習，讓我感到，眼睛像照相機，耳朵像收音機，鼻子好像偵察機，舌頭好像擴聲機，身和心的聯合作用，就可以隨機應變，人身也就好像是一部機器，在思想上可以自由運轉了。

自學自覺而覺他

從這些點點滴滴，我感到學習的不只是學問，而且是要具體的實踐。好比我最拿手的是煮飯菜，而參與最多的卻是建築，要建房子得先從搬磚、搬瓦、挑砂石、拌水泥等著手，必須實際去工作，而不是只在旁邊口說動嘴。

民國五十六年（一九六七）的時候，因為一位初中畢業的木工為我在高雄建設普門幼稚園的因緣，我就帶他一起到佛光山來開山。這位木工就是蕭頂順先生，雖然只有初中畢業，但非常聰明伶俐。他和我都沒有學過建築，也不會畫圖，我們就在地上用樹枝比劃，討論要多高多長。就這樣，從開山初期到現在，幾十年佛光山的建設都是他們原班人馬，沒有換過。他自己家裡祖孫三代，後來也都在這裡一起參與建設。

我也因此跟著他們一起工作，從釘板模、綁鋼筋，甚至最早叢林學院的道路、龍亭、大雄寶殿丹墀，到後來靈山勝境廣場等，鋪設水泥的時候，還都是我和佛學院的學生們用鐵尺一格一格劃出來的。

至於典座做飯菜，那就等於一名小廚，一定要先從洗碗、洗盤，洗菜、切菜開始，然後才能動鍋動鏟，慢慢成為給人接受的廚師了。

我雖然沒有受過什麼教育，但是喜歡教育，也倡導教育。就在不久前，全台灣一百七十多位大學校長到佛陀紀念館來開會，教育部指示我和全部的校長講話；接著我們的南華大學林聰明校長、佛光大學楊朝祥校長，也要我跟他們全校師生、幹部講話。我以自己的經歷，講述自學、自覺的學習過程。

自學是孔子的教學，所謂「學而時習之，不亦說乎？」自覺是佛陀的教法，所謂「自覺、覺他、覺行圓滿」。也是這些自學、自覺的經驗，成就了現在我的行事、我的思想、我的觀念、我的做人處事、我的舉一反三、我的理事圓融、我的僧信平等，甚至對於佛法妙理的體會，讓我的一生都感到非常受用。

佛光山披荊斬棘的歲月中，蕭頂順回憶當年：「完全是遷就地形，走到那裡，師父隨地用竹枝在地上畫一個簡單的圖，兩個人比手劃腳商量怎麼推土填溝。」（1968年）

貳、星雲大師的自學歷程

一 我是佛——如何自學佛法

直下承擔「我是佛」

禪門裡有這麼一段故事：

有一天，信徒問禪師：「什麼是佛？」

禪師十分為難地望著信徒，說道：「這，不可以告訴你，因為告訴你，你也不會相信！」

信徒說：「師父！您的話我怎敢不信！我是很誠懇地來向您問道的。」

禪師點點頭，說道：「好吧！你既然肯相信，我告訴你：你就是佛啊！」

信徒驚疑地大叫：「我是佛，我怎麼不知道呢？」

禪師說：「因為你不敢承擔啊！」

古往今來很多人不敢承認自己是「佛」，像法融禪師不敢坐在寫著「佛」的石頭上，道信禪師因而笑著說：「你還有『這個』在嗎？」慧忠國師有一次喊著：「佛啊！佛啊！」侍者四處張望之後，滿臉狐疑地望著國師，說：「這裡沒有佛，您在叫誰啊？」國師回答：「我就是在叫你啊！你為什麼不敢承擔呢？」

有一次，信徒向我索取一幅字，想要掛在客廳裡做為提醒自己的座右銘，我立刻濡墨展紙，寫著「我是佛」送給他，信徒立刻說：「我怎麼敢當？師父！這一張墨寶我可不敢要！」其實每一個人本來就是「佛」，佛陀在菩提樹下金剛座上悟道的那一刻，就說道：「奇哉！奇哉！大地眾生皆有佛性，只因顛倒妄想不能證得。」顛倒妄想其實也是幻化無自性的，只要我們向上提起

「佛」的一念，如霜露般的顛倒妄想自會消融。

回想我這一生受益於「我是佛」這三個字的地方非常之多。記得我初入佛門的時候，想到自己應該做好一個佛教徒的樣子，所以我認真課誦，嚴守淨戒；後來想想這樣還不夠，我應該還要擔當佛陀的使者、佛教的法師，將真理的法音傳播給別人，所以認真研究經教，隨喜說法結緣；再過一些時候，我覺得做法師也是不夠的，我應該進一步做菩薩，發菩提心，行菩薩道，所以我要努力行人之所不能行，忍人之所不能忍。有一天，我突然想：「我豈止想做菩薩，為什麼不直下承擔我是佛呢？我應該行佛所行，為佛所為才對啊！」這樣一想，忽然間，心裡就豁然開朗了。

我是佛。（星雲大師書）

記得六十多年前剛來台灣的時候，耶教當道，佛教地位低落，佛教徒無論是布教、出國都備受限制，從大陸播遷來台的佛教僧侶三天兩頭被人盤查詢問，在這種無奈的情況下，許多同道另謀他路，一些信徒為了尋職的方便及身家的安全，也紛紛轉信他教，我告訴自己：「即使佛陀和我說『大家都信耶教了，你也去信耶教吧！』我仍然要說：我是佛，怎麼可以去信耶教呢？」就這樣一句「我是佛」，在當年那種複雜的環境下，我憑著一股「雖千萬人，吾往矣」的決心，冒著被抓坐牢的危險，四處弘法，將正信佛教拓展開來。

不久，香港的大本法師捎了一封信給我，表示想到台灣弘法，希望我能幫他的忙。那時要拿到一張從香港到台灣的入境證簡直難如登天，而我一無各種人事關係，二無經濟來源，連住的地方都沒有下落，怎麼答應他的要求呢？但是想到他曾做過我的老師，而「我是佛」，理應恆順眾生，怎能拒絕別人？於是想盡一切方法，終於滿其所願。從此，我更相信「我是佛」這句話的力量實在是廣大無比。

經云：「是心作佛，是心是佛。」誠乃不虛之言也！佛陀的法力無邊，只要你願意學佛所行，就會產生力量，何況能真正發心成佛作祖呢？所以，我每次主持皈依典禮時，總是問大家：「你們是什麼？」台下的人都不敢作答。我告訴他們：「你們跟著我說：我是佛。」大家起初都很小聲地說：「我是佛。」我說：「太小聲了，不夠力量，你們再大聲一點，說：我是佛。」第二次，大家的聲音果然變得宏亮了。我接著說：「好，既然大家都已經承認自己是佛，那麼你們皈依典禮完畢回家的時候，夫妻就不能吵架，因為佛陀不會吵架；你們以後也不能吸煙，你們有看過佛祖叼著煙斗嗎？……」大家聽了，都會心地笑了起來。因為承認「我是佛」，人人都做得到，然而大家萬萬沒想到，這麼簡單的方法，就可以產生這麼大的力量。

記得我年少時，喜歡蹦跳玩樂，有時候還藉著幾分自以為是的義氣，打架鬧事，但一出家之後，想到「我是佛」，行止怎麼能不莊重呢？所以每當走路的時候，我總是想到佛陀行化時候的威儀，自然目不邪視，肩不擺動；每當站立的時候，我總是想到佛陀頂天立地的聖容，自然收斂下巴，脊骨挺直；每當端坐的時候，我也總是想到佛陀各種端正的坐姿，自然就會正襟危坐；每當睡

覺的時候，我總是想到佛陀吉祥臥的樣子，自然就會安詳入眠。許多人說我無論何時何地威儀都很好。我在心中暗暗想著：「我是佛，威儀怎能不好呢？」

不但行住坐臥如此，我的日常生活也因為「我是佛」這句話而有很大的轉變。每當沉思的時候，我想到是佛在沉思，一切的邪念妄想就會一排而空；每當自處的時候，我想到是佛在自處，所有的語默動靜都會導向正道。儒家所謂「不欺暗室」的功夫，用一念「我是佛」的想法就能夠辦得到。日常的穿衣吃飯也莫不如此，一旦想到是「佛」在穿衣服，無論在人前人後，我都能夠保持威儀庠序；一旦想到是「佛」在吃飯，每一頓飯我都可以吃得安心，吃得自在。古德說：「五觀若明金易化，三心未了水難消。」過去在叢林裡，吃的都是沾滿鳥糞的豆腐渣、爬滿蛆蟲的蘿蔔乾，但是我卻從來沒有生過病，我想這是因為我是用佛心來吃飯的緣故吧！

心中常存「我是佛」三個字，在待人處事上也可以產生很大的提示作用。每當和別人說話的時候，我想到是佛在說話，所以我要講慈悲的愛語，要講方便的智語；每當向大眾開示的時候，我想到是佛在開示，所以我要觀機逗教，處眾無畏；每當教誨頑劣的徒眾時，我想到是佛在教誨，所以我要循循善誘，耐煩開導；每當面對怯弱的眾生時，我想到是佛在面對他們，所以我要易地而處，給他們信心，給他們希望，雖然我還是一個凡夫，與「佛」的境界距離很遠，但因為心心念念都是「佛」，我彷彿蒙獲佛陀的加被，也彷彿得到了佛陀的力用。《法華經》云：「一稱南無佛，皆共成佛道。」誠信然也。

心中常念「我是佛」

古德說：「取法乎上，不中，亦不遠矣！」小時候的作文課，老師要我們寫「我的志願」；及至長大，每一個人都有每一個人的職業。但，不管你是士、農、工、商也好，不管你是教、科、文、醫也罷，我們的自性是「佛」。如何激發我們自性佛的潛能來提升工作的品質，造福社會呢？如何善用我們自性佛的功用來發揮一己的力量，奉獻人群呢？我們必須要在心中建立一個觀念：「我是佛！」數十年前，榮民總醫院的張燕大夫為我做完心臟動脈繞道手術之後，常常到病房來和我討論佛理。有一天，他和我說：「大師！其實是您在為我『開心』，過去我每天只能做一個病人的手術，現在我每天可以做兩個病人的手術。」因為張醫師開發了自己的「佛」心，所以能早能晚，能忙能閑，因此我們只要時時肯定自己──「我是佛」，當然可以無所不能。

記得我初發慈悲心的時候，只想到盡量地為別人著想，卻經常感覺力有未逮，但是後來心中存有一念「我是佛」之後，即使一隻小螞蟻，我不但不敢踏死，還要想辦法將牠送到安

前台中榮總心臟血管外科主任張燕。

全的地方，因為我覺得這是「佛」應該有的行為。一隻蚊子來咬我的時候，我不再像過去一樣舉起手往癢的地方拍去，因為我想到：「我是佛。我這一點點犧牲，不能用牠珍貴的生命來補償。佛陀在因地修行時，尚且割肉餵鷹，捨身飼虎，我何人也？我也是『佛』啊！難道連這一點點修養都沒有嗎？」就這樣，我的慈悲心才感覺到一點一點地有了進步。

我在修忍耐的時候，最早忍飢、忍寒、忍熱、忍苦、忍痛……，都還算容易，但是忍氣就很困難，常常因為忍不住一口氣，和別人發生衝突，事後懊悔不已，但是後來心中起了一念：「我是佛，我能起瞋心嗎？我能起無明火嗎？」忍耐的力量油然而生。漸漸地，我體會到「面上無瞋是供養，口中無瞋出妙香，心中無瞋無價寶，不斷不滅是真常」這句話的妙意實在是無窮無盡。

一生之中，曾經好幾次遇到蠻不講理的人口出惡言，存心尋釁；也曾經遇到幾次有人欲加害於我，我念佛靜坐，安之若素，不知消弭了多少紛爭，事後有人說我默然擯置、閉目端坐的樣子，讓大家不得不敬而畏之。其實，這是因為我心中常念「我是佛」，是佛的威德加被，光照四方有以致之啊！

從出家到弘法，一甲子以上的歲月中，不知受過多少傷害、多少冤枉。起初，我心中也會不平：「我是如此地為人著想，如此地潔身自愛，為什麼會得到受傷害的後果？」但是後來想到「我是佛」，佛陀不也曾受過多少誣蔑，像戰遮女的惡計、提婆達多的陷害、善覺王的問難，以及許多人隨他出家造成的誤解謠言等等，但是這所有的一切，反而更彰顯佛陀光風霽月般的品格。於是我學習佛陀坦然的態度，面對一波又一波的譏毀，走過人生的風風雨雨，多少年後，終於如曉日般破雲而出。

既然「我是佛」，十方諸佛都成為我的典範，所以我追隨佛陀行化人間的腳步，將佛教的種子散播到世界五大洲；我學習藥師琉璃光如來療治眾生疾病的精神，設立雲水醫院等設施，將愛心擴及醫療，帶到全台各個偏遠的角落，讓佛陀的慈悲遍滿人間；我效法阿彌陀佛接引眾生的方便，在全球各地建設美輪美奐的道場、美術館、茶坊、書坊……，讓佛陀的光明普照大地；我發揚當來下生彌勒佛給人歡喜的理念，設立養老育幼、文化教育種種設施，讓佛陀的歡喜長存於世。

我不但自己得到「佛」的受用，我也鼓勵弟子們直下承擔，從寺院中走出來，從佛殿中走出來，到大街小巷，到高樓大廈，到機關行號，到山巔海濱，到工廠學校度化眾生，甚至我在世界各地組織佛光會，讓在家信眾從弟子做到講師，讓佛陀的法音得以處處宣流，讓生佛平等的思想得以落實人間。

所以，當有人問我：信仰佛教會不會得到佛陀的感應時，我總是告訴他們：「人間到處都有感應，例如：喝水可以止渴，吃飯可以飽腹，按下電鈕開關，電就來了……，這些都是日常生活的感應，你能夠肯定自己是佛，依照佛陀的教法去做，怎麼不會得到佛陀的感應呢？」如果你懂得其中的道理，學習佛陀的歡喜，你不但擁有了佛陀的歡喜，而且也成為一個「歡喜佛」；你學習佛陀的自在，你不但擁有了佛陀的自在，而且也成為一個「自在佛」；甚至你一整天都在實踐佛陀的慈悲喜捨，你當下就是「慈悲喜捨佛」了。如果你每天都在奉行佛陀的真理，你還怕得不到佛陀的消息嗎？

過去，一個學者問真觀禪師：「佛經裡面說：『情與無情，同圓種智。』這意思就是花草樹木都能成佛。請問禪師：花草樹木真的都能成佛嗎？」

真觀禪師回答道：「你掛念花草樹木能不能成佛，對你有什麼益處？你為什麼不關心自己能不能成佛呢？」

大地山河都是從我們自性中流露出來，一旦承認自己是佛了，花草樹木怎能不成佛呢？蘇東坡的一首詩偈說得很明白：「溪聲盡是廣長舌，山色無非清淨身，夜來八萬四千偈，他日如何舉似人？」世界周遭無不是佛陀示現說法，我們趕緊去領悟、傳播都來不及了，哪裡有時間去煩惱無明、閉關自了呢？

是心作佛即是佛

佛光山從早期大悲殿裡面的幾千尊佛像，到大雄寶殿的一萬四千八百尊佛像，甚至到大佛城接引大佛周遭四百八十尊與人等高的阿彌陀佛像……，目的無非是希望大家在瞻仰佛陀的聖容時，激發心中本自具有的佛性，但愚人不明個中原因，反而稱怪，還批評說：「佛光山的佛像都是水泥做的，是水泥文化。」我聽了十分訝異，為什麼我們多年來都只看到佛，沒有看到水泥；而他千里迢迢遠道而來，只看到水泥，沒有看到佛呢？這基本的關鍵在於心中有沒有「佛」的關係。

也有人問：佛光山為什麼不請藝術家雕刻佛像？我回答他：「我要用『佛心』雕刻的佛像。」記得過去一個藝術家拿了一尊佛像來，美則美矣，但斷臂缺手，令人一見不無遺憾之感，他告訴我：「這就是藝術。」我覺得藝術家或能容許殘缺之美，但信仰是圓滿的、莊嚴的，尤其佛陀的三十二相八十種好，在我心目中已經成為一種神聖的象徵，完美的典範，是怎樣也不能動搖的！古時候的人要

雕刻一尊佛像，或者要畫一幅佛像的時候，都有所謂「一刀三禮」、「一筆三禮」的儀式，經云：「佛道在恭敬中求。」心中有佛，才能塑造出圓滿莊嚴的佛像。

過去棲霞山的「千佛嶺」，傳說是由父、子、孫三代相繼雕刻而成，第三代的雕刻師雕到最後，再怎麼數都是九百九十九尊佛像。再雕，再數，也是九百九十九尊佛像。如是數次之後，他心中動了一念：「我就是佛啊！」於是把自己嵌在石壁上，成為第一千尊佛。姑且不論這個故事的虛實，但它觸動了我的心靈深處，讓

佛光山大佛城接引大佛周遭，有四百八十尊與人等高的阿彌陀佛像。（慧延法師攝）

我感動，久久不已。

「我是佛」，多麼美的境界啊！

記得有一次我應邀在電視上受訪，主持人李濤先生在節目最後幾分鐘，要我用一句話來告訴電視機前面的觀眾如何改善社會亂象，我說道：「心中有佛。」事後，許多人告訴我：「這句話言簡意賅，太好了！」

的確，如果一個人「心中有佛」，眼裡看到的必定都是佛的世界，耳朵聽到的必定都是佛的音聲，鼻中嗅到的必定都是佛的氣息，口裡所說的必定都是佛的語言，身體所做的事必定都是佛的事情，如果人人如此，這就是一個佛的世界，家庭怎能不幸福安樂呢？治安怎能不安全良好呢？國家怎能不富強康樂呢？

所以，讓我們每一個人從今天開始，都自我期許「我是佛」吧！

二 我寫作的因緣——如何自學文學

大塊假我以文章

說起我寫作的因緣，回憶起來，可以說是酸甜苦辣。

現在雖然有人讚美我寫作的題材廣泛、內容豐富、文章型態多元，詩歌、散文、小說，我都能沾它一點邊，甚至有徒眾替我算過，出版的書有五百多本、總共將近三千萬字，而且翻譯成不同國家的語言就有數十種。當然，這些著作都是我的生命。

佛法說，人的生命「豎窮三際，橫遍十方」，但那只是理論上的。在事相上，有人的生命在交友酬酢裡；有人的生命在酒色財氣裡；有人的生命在爭權奪利的政治漩渦裡；有人的生命在計算謀略的功名富貴裡。當然我們的生命投資在哪裡，成果就在哪裡。不敢說這幾千萬言的文字，對人間、社會、佛教有什麼貢獻，但總是我生命時間累積的成果。

當然，一個沒有經過學校、受過正規教育的人，一個生活在封閉寺院、沒有什麼社會經驗閱歷的人，不閉門造車，只是憑閱讀和想像寫了一些文章，雖然還是存在很多限制，但這一路走來，寫作陪伴我，在人生的旅途上，見到星辰日月，就想要去歌頌；見到花草樹木，就想要去讚美；講到山河大地，就想到與生命同在；說到芸芸眾生，全都是至親好友。唐朝李白的「大塊假我以文章」，世間上的人相、眾生相，人我間的是是非非、好好壞壞、善善惡惡，不都是我們寫作的材料嗎？

初學「寫作」，簡直不敢想像，於我而言，那是一個挺高的境界，自覺高攀不上。我在少年的時候，有一個朋友跟我說，他將來一定要寫兩本書，我一聽從心底要對他合掌崇拜，覺得好偉大呀！能寫兩本書，那是多不容易的事，我連兩百個字都寫不起來！而今，我那位朋友的兩本書，也不知道到了什麼程度，但是我在無意中，因緣假予我，現在寫了也不只兩百本以上的書了。

記得初時摸索寫作，也有一段令人難忘的心路歷程。有一回，老師出的作文題目是〈以菩提無住直顯般若論〉，雖然當時連題目都看不懂，還是非常用心地寫了好幾張作業紙。老師閱畢發回，評語欄中寫著一首詩：「兩隻黃鸝鳴翠柳，一行白鷺上青天。」

同學們看到，在一旁嘲笑：「老師的意思是說你，不知所云啊！」下一次的作文課，題目是「故鄉」，我認真地構思布局，在交出去前看了又看，自覺是得意之作，數天後發回，老師的評語又是兩行詩句：「如人數他寶，自無半毫分。」

一個初學的人，寫得好，老師說你抄襲；寫得不好，老師就怪文句不通。幼齡的童心受到這樣的挫折，可能洩氣，後面就放棄，當然就沒有未來了。但我就是有一個性格，好像「皮球」，你一打壓，它就會跳躍。所以我可以經過初期老師的棒喝、教訓，通過了這個階段，柳暗花明，戰勝了崎嶇，看到了前途美景。

我在十八、九歲後，進入當時全國最高的佛教學府「焦山佛學院」讀書，而其他的同學、學長們，也都是一時之選，才華很高。我因為不甘落後，就更加用功。焦山位於揚子江的中心，我就時常在傍晚時，到退潮後的沙灘上散步，一走就是幾里路，也確實讓我感受到王勃的〈滕王閣序〉中「落霞與孤鶩齊飛，秋水共長天一色」的美感，也在這種心和境的相應之下，開始寫了些不成文的小詩。並且還有很好的運氣，往往投稿都有刊登，因此也增加自己不少信心：「原來我能、我可以寫作！」

也由於寫作，在經常「抒發己見」的因緣下，我想起在南京大屠殺遇難的父親，當時與父親已多年不見，自從他杳無音訊後，我就成了孤兒，因此在滿懷思念中，就寫了一篇〈一封無法投遞的信〉，紀念父親。很感謝我當時的國文老師聖璞法師，他背地裡將我的文章謄寫在稿紙上，並且親自投郵到鎮江的《新江蘇報》，五千字的文章不但發表了，而且分為上、下篇，刊登了兩天。

不但如此，他在上課的時候，還花了兩個鐘點念給同學們聽，同時講解我文章的內容、寫作的技巧，最後他在文章後面評語說：「鐵石心腸，讀之也要落淚。」老師偷偷地投稿，是因為擔心假如報紙不肯發表，會讓我灰心、喪志；等到文章發表了，他就歡喜地向同學們宣讀、公布。這種慈愛，我感動至今，難以忘記！所以，我覺得，鼓勵可能比責備更有力量。

文字園地勤播種

大約在民國三十四年（一九四五）八月，有一次，聖璞法師在一個星期六的作文時間，出了一道題目：〈勝利聲中佛教徒應如何自覺〉。我覺得，不一定在勝利聲中才要自覺，在失敗的時候，也要有自覺。甚至人生無論什麼時候，都要有自覺，自覺才能進步，自覺才有希望。

我雖出身貧窮，但我不斷自覺，力爭上游。我不強求，只要有上進的機會，我決不放棄。這個時候，鎮江一下子出現很多的報紙，社會上一片欣欣向榮。我們只是一介學生，尤其是個出家人，對社會能做出什麼貢獻呢？我認為，就是寫文章。

所以，我雖然沒有見過鈔票，但是我從報章雜誌、文章書籍裡增廣見聞，於是我寫了〈鈔票旅行記〉；我即使從未離開過寺院，也不懂得現實世界裡生命的爭戰，只知道我們寺院裡面有一隻貓子抓老鼠，我見景生情，寫下了〈平等下的犧牲者〉，就想為小生命鳴不平。當然這些文章都發表了，所以也很感謝那時候的因緣。

但是我到了二十歲以後，也曾有一個挫折。因為我有一位學長智勇法師，他跟我共辦了《怒濤》月刊，他寫作之快，就如過去古人說「下筆千言，倚馬可待」，一篇萬言的文章，他總能輕而易舉地交卷。那本《怒濤》月刊，可以說大部分都是他的稿件。我忽然感到自卑，覺得我愧不如也。

之後，凡是他叫我寫文章，我就說「你來啦！」他要我寫個評論，我就說「你代我寫！」在他前面，我不敢舞文弄墨了。本來共同合作《怒濤》月刊，是因為志同道合，想為佛教創立未來的新風氣，但在意志上，我卻覺得慚愧，感到不能與他相比，所以一度覺得不必丟人獻醜，遲遲不敢寫作。我們編了十八期的《怒濤》以後，在南京華藏寺為新佛教開始了一段革新運動。後來，我就到了台灣。

與智勇法師分別後，我覺得寫文章沒了壓力，好像就有一點活躍起來。尤其在掛單的中壢圓光寺，正是台灣佛學院舉行畢業典禮的時候。創辦人妙果老和尚要我替他代筆，寫一篇〈回顧與前瞻〉的文章，要登在畢業紀念冊裡。為了報答他的收留，我就快速把文章完成了。

看過文章後，老和尚不放心，因為他是台灣人，對漢學不是有很深的研究，就把文章拿給教務主任圓明法師看，問他：「你看這篇文章是誰寫的？」圓明法師看了以後，坦白跟他說：「應該是出於東初法師之手。」我當時才二十三歲，所以妙老一聽，就非常稱心快意，覺得我能代他六、七十歲的高齡，寫出他的教育理念，還能夠跟有德有望的東初法師相比，因此他對我就更為重視愛護。不但讓我替他到法雲寺看守山林，帶我到苗栗客家村莊去傳道，尤其，他當時是新竹縣佛教會的會長，服務地區包括苗栗和桃園，我就幾乎成為他的秘書，幫他處理這些地區的佛教文件。

那時候的事務也不是很繁忙，年輕人總想有個事情可做，我又非當家、又非知客，在寺院裡面除了早晚課誦，百無聊賴，因此，就為台北的《自由青年》、《今日佛教》投稿。後來，佛教裡有了《覺生》、《覺群》、《菩提樹》、《人生》等雜誌，我感覺到我的園地很多，就不斷在這些園地裡播種，那時候沒有一點圖利的心，只要自己的文章能印成鉛字，看起來就很夠味了，可以說，比吃珍饈美味的飲食還要令人歡喜。

記得，我替老和尚看守山林的時候，白天，我只能看看森林裡穿來插去的猴子和松鼠，計算著時間，等候寺中送來的飯食；夜晚，我只有聽聽風吹松柏以及貓頭鷹的叫聲，就住宿在山間的草棚中。為了不讓寶貴的青春與生命無謂地虛度，我就在那只能容身一人的草棚中，伏在亂草堆旁，寫成了《無聲息的歌唱》，這也是我的第一本著作。甚至，在新竹青草湖從事台灣佛教講習會的教務工作時，利用零碎時間，翻譯了日人森下大圓的著作，出版《觀世音菩薩普門品講話》。

所以後來《中央日報》也要我去做記者，甚至《自由青年》的發行人錢江潮先生，還親自從台北到圓光寺來面邀我，到他的雜誌社擔任編輯。但，這些邀約我都推辭不去，為什麼？因為我要把和尚做好。因此，後來讀到古德「昨日相約今日期，臨行再三又思惟，為僧只宜山中坐，國士宴中不相宜」的詩偈，就頗為印心，古代大德辭卻社會的功名富貴，入山深居，在淡泊裡養護身心，我好像也有了過去古德的這種心情、言行。雖然當時，我一無所有，貧無立錐之地，但我知道自己，必能在佛教裡有所貢獻。因為我不懶惰、不推諉、不敷衍，無論什麼事情，只要與佛教、常住的利益有關，我都直下承擔。

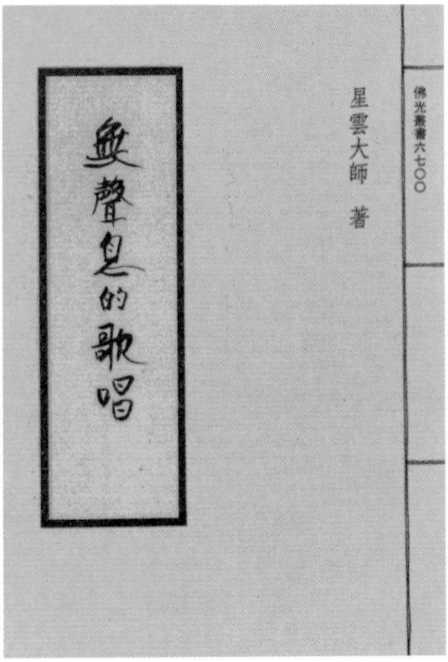

《無聲息的歌唱》，一九五三年出版。

《觀世音菩薩普門品講話》，一九五三年出版。

也因為這樣的性格，我後來為《人生》雜誌義務編輯了六年；在《今日佛教》八個社委中，被推為首席。不但編輯、寫稿、發行，都是我一個人，那時候，也不知哪裡來的精神毅力，甚至還去幫忙其他的佛教雜誌寫稿。大概因為這樣的關係，獲得《覺世》旬刊創辦人張少齊長者的欣賞，他邀請我擔任《覺世》旬刊的總編輯。就這樣，我一路走上了寫作的道路。

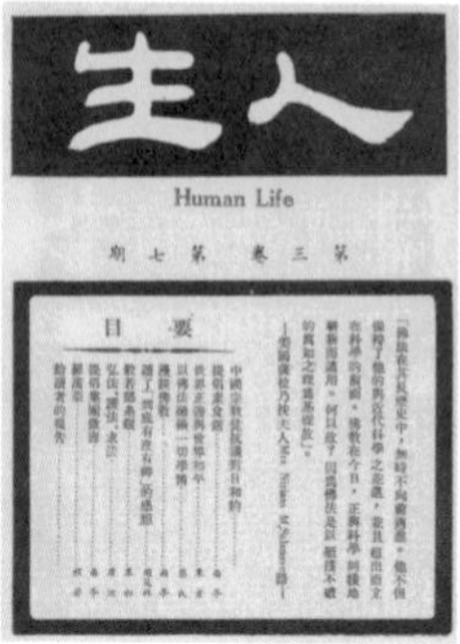

大師曾經主編《人生》雜誌六年。（1951年）

《覺世》旬刊。

童話

宗教同盟大會

摩迦

經過了好多的波折，宗教同盟大會在印度加爾各答開會了。

開會的這一天，到有各宗教的代表有佛教的教主釋迦牟尼，道教的教主李耳，基督的教主耶穌，儒教的教主孔仲尼，回教的教主穆罕默德等及他們的隨員數十人。

這次宗教同盟大會，討論的主題是誰的宗教理論爲徹底的宗教。

加爾各答城中的一座三層樓上，端坐着這些尊貴的代表，樓下有數不清的觀衆來向這座高樓歡呼，樓上特製的無線電播音機不時的將這裏開會的情形向自由世界的各處播送，各國的有權威的報紙第一條的新聞標題都留了空白在等候着登載這些各擁有教徒的教主們所發表的言論。

舉世都已歡狂起來了，回教徒禁食一天希望能够勝利，基督徒都在做着祈禱，祈禱教主能够大出風頭，道教徒都在作法念咒助威，希望教主不能失敗，儒教徒都翻閱着四書五經，看看教主的理論是不是能救人救世，佛教的教徒樂天知命，想信自已的教主是一切智人，大覺的佛陀是不會不如人的。

印度的政府鳴炮四十八響，宗教同盟大會就這樣舉行了。

首先，是討論主席人選的問題：

「我來當主席吧？」耶穌站了起來。

「你的聲望不能當主席，」穆罕默德指着耶穌：「你是一個木匠的兒子，出身微賤，不能做我們的主席。」

「我用血洗盡人們的罪，我用死來贖回人們的苦！」耶穌辯駁着。

「你的死根本就不是自願的，你是無法才在暴徒手下死去的，你說得是太好聽了。」穆罕默德也毫不放鬆的回答。

耶穌氣得垂頭喪氣的坐着。

好久，大家都不講一句話。

「我是應該來担任此次主席的！」穆罕默德也毛遂自薦的站了起來。

「你也不能當主席，」耶穌帶着報復似的口氣說道：「你傳教的時候，一手執可蘭經，一手執寶劍，不信的人都給你殺害了。你和你的教徒吃辛苦勞碌的牛，而不喫與人無益的豬，顯見你們事理不明，焉能當本身主席？」

「那麼我來當主席吧？」孔仲尼叫了起來。

「你不要妄想了，你想想今人打倒孔家店的理由，也就不該說如此的大話了。」孔仲尼憤憤的望着李耳。李耳好像最知道孔仲尼的底細的。

李耳憤憤的望着孔仲尼，說道：「唯有我才能當主席的。」

「我們對你的大名很少聽說過。」耶穌，穆罕默德同聲反對的說。

「你講什麼無爲，你講什麼術，根本在今日這種科學時代就用不着你這套理論。」孔仲尼也幫忙擊敗了李耳。

大家都靜默了。會場上的空氣非常嚴肅，他們的目光不約而同的射在釋迦牟尼的身上。

釋迦牟尼閉起了眼睛端坐着。

「我看還是請釋迦牟尼當主席吧，我老早就說過了，西方有大聖人焉，除了他實在沒有第二人。」孔仲尼知道大勢所歸，誠實的來建議。

「他是皇宮的太子，他是本地的主人，論名位，論地理，都該由他來當主席。」穆罕默德的附和。

「他的數千卷闡揚宇宙人生的理論，也足夠來領導我們。」李耳知道再沒有人能值得他推薦了。

耶穌也無可奈何的舉起了手。

一陣掌聲，把釋迦牟尼送到主席的位子上。

釋迦牟尼站起來說道：

「各位！蒙你們美意。要我出來當主席，感到非常榮幸！宗教本來都是要人去惡從善的，都是要人離苦得樂的。過去你們各自的宣傳你們利人救世的宗旨，其精神非常可佩，今天請各位發表一點利人救世的高論！供我們大家參考。」

孔仲尼首先強調做人要有四維八德，李耳詳述道德的意義，穆罕默德說明不吃豬肉的理由，大家都不會多講什麼，也不會有什麼異議，唯有耶穌發表的言論又引起了他們的歸離。

耶穌說：「我是眞主上帝的兒子，誰人信仰我，誰才能得救；不信仰我的人，他是不能進入天國去的。大地上的一切人，一切動物，一切神物，一切無生物，都是萬能的上帝創造的，所以人人都該報答主的恩惠！」

反對他的都相繼發言了。

孔仲尼說：「耶穌太自私了，信仰他的人才得救，不信仰他的人就不能得救，那麼，如此說來，一個惡人信仰他，也能得救，一個善人不信仰他就不能進天國了。試問史太林能不能進天國呢？」

穆罕默德說：「耶穌說人間一切都是上帝造的，果如他說，上帝不能算爲萬能的造物主，因爲上帝既能造萬物，爲什麼他要把人間造成如此猙獰恐怖，刀兵水火，妻離子散，虛僞欺騙，是非叢生，而且爲什麼他要把一些不信他的人也造出來？既造了杜魯門？爲什麼要造出史太林？毛澤東，金日成……還不是有意搗亂世界嗎？」

李耳也附和斥責的說：「上帝又是誰人造的？」

耶穌此時四面風雨，急中生智，說道：「釋迦牟尼！你還未發表貴教主張，請你來爲我們公平的判斷判斷。」

倒底耶穌是有小聰明的，他知道釋迦牟尼從不肯說人過失的。

至此，身爲主席的釋迦牟尼，不得不站起來說道：「各位的高見我都聽過了，你們都有你們的苦心，你們都各有各的立場，你們有的只講做人的道理，有的主張神權控制一切，我不想對諸位有什麼批評，我只想說出佛教的一滴，聊供諸位做個參考。」

釋迦牟尼停了一會，換一口氣纔續說道：「宗教的意義不但是要人做個好人，而且要人做一個超人，我在山中靜修十二年以來，對宇宙人生的眞理，頗能了解。深知道人的壽命，不能只求過這區區數十寒暑的人生，而且應該求得永恆的生命，我又主張世間萬事萬物都是因緣所生，因緣所滅，不是有一個什麼力量造作的，我又講人的好壞禍福是各人自招的，沒有力量來主宰他們，要有，那只是他們的業了，我雖是一個大覺的智人，我也操縱不了人的禍福，我往世的幾十年，談經說法，這不過指明一條人們應走的路徑，不依着路徑去走，雖信仰我，還是不能脫苦，反之，雖沒有信仰我，但依做人之道，照常可以離苦得樂；我又主張平等，非但我和人一樣，而且人和畜生也是一樣，只講人與人之間博愛，不講人與動物的平等，實是不智之舉。我要說的豈止千萬，這裏暫告結束。一切學術和一切人民，會給各位的高論有批評的，這裏我不說了。」

第一次宗教同盟大會就這樣簡單的散會了。

第二天無線電，報紙上發表了開會的經過後，釋迦牟尼的理論爲全世界的男女老幼傳誦着。他的弟子和一切人民都在微笑了。

(15)

大師早期投稿給台灣的報紙、雜誌、電台，除了用法名「星雲」外，用最多的筆名是「摩迦」。摩迦，即摩訶迦葉，是佛陀的大弟子，苦行第一。大師自許也像他一樣行頭陀行，所以寫文章、為佛教做事，都當成是苦行的一種。

為文護教雲來集

記得到宜蘭弘法三個月以後，信徒在監獄用三十塊買了一張便宜的竹椅，從此每天晚上，等到大家就寢以後，我就把佛前的電燈拉到房門口，趴在縫紉機上寫作。在現代人看來，或許感到不可思議，但是當時的我，非常珍惜這份難得的機會。那年我二十六歲，生平第一次使用電燈，在此之前在棲霞山、焦山、宜興、中壢、青草湖等地，都沒有電燈，所以儘管群蚊亂舞，蟑螂四出，我都不忍上床，有時寫到次日破曉，耳聞板聲，才在心滿意足中休筆。

由於那時候年輕，只要起早待晚，就可以完成寫作。還有很多的餘力，就去度化青年、教育兒童，為佛教辦些活動。後來，為了佛教雜誌太過保守，文章乏人閱讀，就自己冒險寫了《玉琳國師》、《釋迦牟尼佛傳》，這兩本書引起的熱烈回響，其盛況真如洛陽紙貴，出版至今超過六十年了，仍然持續不斷地再版，發行早已超過百萬冊了。其實，那時寫作也沒有稿費可拿，完全是基

《釋迦牟尼佛傳》，
一九五五年出版。

《玉琳國師》，一九五四年出版。

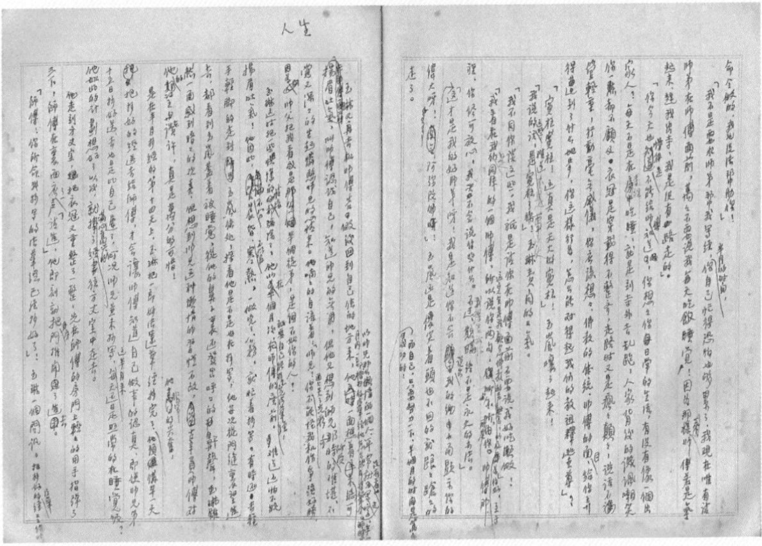

《玉琳國師》手稿。

於護教的心情，可以說是無心插柳的意外收穫。

然而這些基於護教而發表的文章，也為我帶來一些漣漪。例如，一篇文藝短篇小說〈茶花再開的時候〉，錢江潮先生專程來為我指教；一封寫給京劇名伶顧正秋女士的信，抗議她在永樂戲院演出有損佛教形象的戲劇，引發了軒然大波。

尤其我寫了一封信給朱斐居士，批評他不該把太虛大師的《覺群》週報，改做紀念印光大師的刊物，也引起了對我很不利的反應，導致他把《覺群》停刊，另創《覺生》雜誌。另外，一篇短文批評《中華佛教美術》所刊出的佛像，把頭腳切斷，是對佛教不敬，招來東初長老對我的不滿。甚至佛教同道間的指責，也從四面八方紛至沓來。

所以這之後，我感覺自己志不在寫作，因為空洞的言論，對佛教也於事無

太虛大師。

文藝

茶花再開的時候

·摩迦·

一

三十八年的冬天我掛單在××寺中。亞熱帶的臺灣島上的初冬，氣候並不怎樣寒冷，樹木花草好似江南的新春，照常在生長，開放。

寺前的庭院中，一棵棵的紅茶花，和白茶花，開放得像個鄉村中樸素的女郎，那麼美麗，那麼端莊。

我獨坐在經室中閱讀着剛出版的一期佛教人間，一個穿黃呢制服的軍官站在我的門口，我擡頭一望，他微笑着走了進來；我見他肩上有一朵銀色的梅花，我隨口招呼道：「少校先生，請坐」！他不客氣的坐了下來。

「你也會講國語」？他以為我是臺灣人。

「我是內地人，國語講得不好」。

「幾時到臺灣來的」？

「去年」。

「你們為什麼要來臺灣」？

「為了追求光明，為了需要自由呀」！

「你讀過很多的書」？

他像考試我似的。我沒有回答，他用目光在全室中注視了一轉，書架上有佛經，有文學之類的書，線裝洋裝的好幾堆，他看了很覺得驚奇。

「和尚不是除了拜佛念佛以外，就沒有事了嗎」？

「那是一般人的誤解」！

「那你們還做些什麼事呢」？

「宏揚佛法。化導人心」。

「呵！………」他像自知失語似的，態度改變得和善起來了。

他告訴我他姓李。駐防在××地區，又和我談了很多文學上的問題，唯有我講到佛教的教理，他總把話題支開去。半小時後，他告辭了，我送他到開滿茶花的庭院門口，他向我要兩朵茶花，我點了點頭，他攀折了以後，向我行了一個軍禮，說聲再會就走了。

二

寺院大都建在深山叢林裏，或是偏僻的鄉中，環境既是寧靜平和，風景也很優美宜人。因為佛寺中沒有塵寰上那樣的煩囂紛擾，在燈紅酒綠中住慣了的人，那會夢想到佛寺中幽靜的境界？因此，信佛的人既然常常到佛寺中來參拜，即連不信佛的人，也常常到佛寺中來遊覽。照例的我是常常有些不熟悉的朋友找到我交談。所以，對於李少校這一流的人，我並不感到奇怪，他走後，我早就把他淡忘了，正好像忘去其他的遊客一樣。

又是半個月後的下午，李少校來了，他帶來了好幾部文學名著給我看，我們雖然只有一面之緣，從談話中，我知道他對文學懂得很多，他好像知道我對文學也很感有興趣似的，其實，像我這種人，除了必修的佛學以外，是一個對什麼都有興趣也都沒有絕對興趣的人。李少校對我既然很好，我當然也該以禮回敬他，我拿了很多的佛教雜誌及學佛必讀的佛經給他，那知他向我搖搖頭，翻也不翻的還給我，對我說：

「真抱歉得很，這些書你還是給別人看吧，我沒有耐心來看，實在也不需要看」！

李少校的話，我當時聽了真給他楞了一下，這是為什麼呢？佛學難道不是學問嗎？

我又向李少校說釋迦牟尼佛怎樣偉大，他隨即就問我莎士比亞的劇本如何；我向他說已故的近代佛教偉大太虛大師的學德，他說佛教裏只有一個天才詩人曼殊和尚值得他敬仰。

我這時稍為了解他對佛教的成見太深了。沒有辦法，只得隨着他談些什麼易卜生，歌德，羅曼羅蘭，狄更斯等等文學上的名人，以及他們作品中的人物和作品的價值。

我帶他在寺中各處參觀一下，走近放藏經樓子的地方，我指着藏經告訴他：「這是我們佛教的藏經，共有數萬卷，其中有文學意味的真是數不清」。因為他既是一個愛好文學的人，我想投其所好，他總該是歡迎的，我見他嘴唇稍為掀動了一下，像有什麼懷疑要辯似的，但他沒有辯，已一個轉身走在我的前面了。

我們開始沉默了，因為我自已也有些孤傲的脾氣，我不會對人遷就，更不願勉強的向人說教。我們大家都沒有話講，走到樹蔭下的石櫈上坐了下來，他望着池塘中的流水，我打開了帶在手邊的一本書，時間就這樣靜悄悄的過去。好久，他看看手錶，說道：「時間不早了，我要回去，這裡環境真好，下次再來」。他走了以後，我回到寺中，想到招待這種客人，實在真是無聊！

我心中不禁對他生起了疑惑，我想：「他既不信仰佛教，為什麼老要來呢？不信仰也沒關係，為什麼我講到佛教教理他就不高興聽呢」？

最後，我的結論是：「李少校是個古怪的人」！

三

沒有過了幾天，我接到李少校的一封信，他不高與我講佛教教理的謎才坦白的道出，記得他的信是這樣寫的：

「想不到在和尚中認識你這個懂得新舊文學的人，不瞞你說，我想像中的和尚，雖不個個都是白丁，至少他是不懂得新文學的，正因為你不同一般和尚，我才願和你親近。

你為甚麼歡喜和我講些佛教門內的話呢？你知道我是一個不要什麼宗教信仰的人，尤其佛教消極厭世，不宜我們一個愛國軍人去探討，我怕我的意志值得佛教而消沉，所以，不如我不知道的為好。

〈茶花再開的時候〉，一九五一年刊登於《覺生》雜誌。

補。因而就想進入佛教會，參與佛教界實際的改革運動。可惜，因緣不具。因為當時許多主事教會的長老，並不喜歡我這樣性格活躍的人，所以那些年我在佛教會裡，他們時而要我，時而拒絕我，讓我感到進退艱難。我後來想，「良禽擇木而棲，忠臣擇主而侍」，我應該找一個佛教領袖，跟隨他，助他推展佛教革新。

那時，我也曾經考慮過中國佛教的路線，然而它封閉保守，日後一定走下坡；南傳佛教，雖信心具足，但毅力不足；日本佛教，雖有佛學議論，但戒律不嚴。所以佛教究竟往哪裡走？我決定往太虛大師「人間佛教」的理念走，所以「人間佛教」始終是我走的道路。

然而，太虛大師在哪裡呢？法舫大師在哪裡呢？我所尋找的這許多長老：甲，自私自利、只顧自己；乙，怪你怪他、天天罵人；丙，朝令夕改、變化無常；丁，膽小如鼠、不夠擔當。當時我非常苦悶，因為我沒有頭、沒有領袖。

所幸，之後在宜蘭，遇到一些有為的青年。我們組織歌詠隊、弘法隊，成立青年團、設立文藝班，其中裘德鑑、楊錫銘、周廣猷、朱橋、林清志、吳天賜、李新桃、張優理、吳素真、張慈蓮等青年；以及後來一群縣政府的員工、電信局的小姐，如：蕭慧華、李素雲、黃惠加、曾素月、曾韻卿、朱靜花、林美森等二十餘人，都成了我弘法布教的生力軍。他們本來在社會上都有很好的職業，由於信仰了佛教，一心想為佛教奉獻。

尤其中華印刷廠的吳天賜居士、蘭陽女中的李新桃小姐、宜蘭稅捐處的張優理小姐、藥廠裡面的吳素真小姐，這些青年都願意辭去職務，來為佛教服務。我覺得我們有了團隊，於是，就叫吳天賜、李新桃去辦佛教文化服務處；請張優理在宜蘭創辦佛教幼稚園；讓吳素真到高雄興辦幼教事業，協助高雄佛教堂的發展。就這樣，我的「寫作」因他們而擴大了。

為了新佛教的弘傳，我們朝向一致的理念，奮力推動。於是，我們編寫了《佛教童話集》、《佛教故事大全》、《佛教小說集》、《佛教文集》等，甚至編印了《中英對照佛學叢書．經典之部》、《中英對照佛學叢書．教理之部》、《中英佛學辭典》，以及新式標點的「每月印經」、佛教美術的圖集等等，這一切無非是希望能把佛教的文化，普及於社會大眾。可以說，每個人都傾己所能，如火如荼想為佛教注入活水。

即便如此，我還是感覺到人才不夠，力量有限，因而決定辦教育。所以，民國五十二年（一九六三），我們在小小的壽山寺，辦起了佛教學院。想不到，學院每年招生，人數都超額，小廟無法容納了，只得設法遷校。當時，也不敢妄求山明水秀的好地，只想有塊簡陋的小地，蓋個鐵皮屋，能給大家遮風避雨，也就心滿意足了。就在這樣的機緣下，民國五十六年（一九六七），我們到高雄大樹鄉麻竹園開創了佛光山。

宜蘭慈愛幼稚園教師及念佛會青年於圓明寺前合影。
前排左起：黃惠加、朱靜花、吳素芬、林美如、蕭碧霞（慧華）居士等。
後排左起：張慈蓮、吳素真、楊慈滿、大師、黃小姐、范秀香、張優理、黃幸子居士等。（1957年）

我為佛光山訂下「以教育培養人才、以文化弘揚佛法、以慈善福利社會、以共修淨化人心」四個宗旨，佛光山就朝這四個目標推展，因而人才不斷地增長，事業不斷地擴大，所謂「有志一同」，信徒有緣人集體創作，就百千萬慢慢地聚集了。此後，我不光是寫作維生了，我以弘揚佛法、普度眾生為我的目標。然而在佛門裡，我並無大用，主要我五音不全，無法唱誦讚偈；加上我書法不好，寫字也見不得人；只有想到教書，所以就擴展佛教學院。

但是擴展佛學院後，老師要月

壽山佛學院的出家、在家學生，晨曦中於壽山公園跑香。訓練威儀，是日課之一。

俸，學生要吃飯，我那時候年輕，實在沒有力量負擔。不過，感謝佛陀，佛法不誤人，只要有心，再大的困難都能逐一化解。當時，佛光山除了不斷地建設以外，信徒也不斷地增加，我們除了每十天發行四十萬份的《覺世》旬刊，也發行《普門》雜誌、《佛光學報》。總的來說，我那時寫作、教育、弘法、共修、活動，樣樣都做，從不推辭；所謂「破船多攬載」（揚州歇後語），什麼事情來了，只要於佛法有利益，為了佛教，我一切心甘情願。

就這樣，佛光山在世界的舞台發展、活躍了起來。然而「譽之所至，謗亦隨之」，雖說弘法路上風雨兼程，好好壞壞總無常態，但我一心想為佛教打些基礎，廣結善緣，因此在忙碌中，我不僅忘了榮辱毀譽，也時常忘了自己。

其實，在建設佛光山之前，我曾以撰寫的《釋迦牟尼佛傳》，向日本大正大學申請就讀博士班，校方審核通過，還寄來了入學通知書。當時，我之所以想去日本留學，其目的，是因為那時候所有從台灣去日本留學的男眾比丘，幾乎全軍覆沒，還俗去了。我就想，我要改變這個歷史，為男眾爭一口氣，我一定回來給你們看。但是後來，想到皈依的弟子那麼多，如果我現在去做學生，當初就不應該做人家的師父；現在既已收了這麼多徒弟，怎麼可以再去做人家的學生呢？這裡確實有著一些矛盾，所以博士就不要了，從此打消去日本留學的意思。

也在這個時候，電視台、廣播界開始有人來找我，希望把我寫的小說如《釋迦牟尼佛傳》、《玉琳國師》等，讓他們拍成戲劇。其中《玉琳國師》被上海滬劇團改編成話劇，在台北紅樓演出；空軍廣播電台將它錄成廣播劇，在電台播出；甚至也被改拍成台語電影，名為《千金小姐萬金和尚》。再後來，導演勾峰先生以《再世情緣》為名，拍成了電視連續劇，在中國電視公司八點檔播出，引起很大的轟動，海外地區也爭相播放。

我記得當時，為了配合各個電台的播放，我天天不計辛勞地為他們寫稿。然而我的弘法熱心，也為我招來了苦難。例如：金國戲院附設的製片廠，想將我的《釋迦牟尼佛傳》拍成電影，佛教電影化是多麼重要的事，我當然很歡喜地接受，況且我也不計較版權、待遇，承蒙他們邀請我做顧問，我當然也義不容辭了。

電影開鏡的時候，我特地趕到他們在彰化的攝影棚，想不到第一個鏡頭，導演就讓悉達多和耶輸陀羅擁抱接吻，我趕緊告訴導演這個不能，那個梁姓導演疾言厲色地罵我：「你不懂！你太落伍了！」給他這麼一個教訓，想說既然我不懂，就只有離開了。

電影上演後，就為了這一個鏡頭，有些出家人要衝毀我的佛教文化服務處；到馬來西亞放映時，當地佛教徒聚集包圍整個戲院，要求不准上映。頓時，風雲變色，怨怪四起，整個佛教界都說我不好，但其實我有苦衷。

後來做監察委員的游娟女士，也向我表明，她要將《釋迦傳》編成連續劇，在台灣電視公司演出，我當然應允。但後來在電視播出的時候，我自己都看不懂，好像裡面的人物、情節都不是我的，都是戰爭、打鬥，我書裡的內容並沒有這些啊。當然，罵我的信件也如雪片般飛來，我也只能無奈了。

因此，我曾經一度覺得，新佛教實在很難！我還就社會，社會給我這麼多難堪，讓我難以承受；我為了佛教，但卻沒有力量與製作方溝通、爭取、協調。後來慢慢到了老年，聽到楊惠姍演的一部電影叫做「我這樣過了一生」，我想，我

上海滬劇團將《玉琳國師》搬上舞台於台北市紅樓演出，大師帶領蘇悉地法師（大師左）前往觀賞。

大師弱冠來台，雖然當時食不裹腹，依然自我勉勵，陸續以淺顯易懂的白話撰文寫稿，又嘗試撰寫長篇小說《玉琳國師》，沒想到初試啼聲，即廣受讀者歡迎。後來多次改編成劇本，錄製成廣播劇，在廣播電台播放，拍攝成電影，在劇院演出。其中，以數年前勾峰先生改編製作的電視連續劇《再世情緣》，最為轟動，連海外地區都爭相播放。

為了寫作，以及因寫作而衍生的種種事件，也可以說，我這樣忍了一生。

不過，也不是沒有好事，例如：我以文會友，文學為我帶來了好多的朋友。像早期在宜蘭的楊尊嚴、楊勇溥、朱橋、楊錫銘、周廣猷，他們協助我譜曲、音樂弘法、《蓮友通訊》的編印發行。之後，包括郭嗣汾、公孫嬿、痖弦、柏楊、高陽、司馬中原等好多的人，都跟我成為很好的文友；武俠小說作家臥龍生、梁羽生，文壇夫妻檔何凡、林海音也曾多有往來；其中孟瑤、劉枋女士，還在佛光山長住過十幾年。承蒙他們當時不嫌棄我是一個出家人，經常在新北投普門精舍我的一個小房子裡聚會，可惜我實在才、財兩缺，既沒有多餘的錢財招呼文友，也沒有很好的才智與他們應對，自慚條件不夠，就不敢和他們多所來往，因為對於這許多文人，我感覺高攀不上。

記得民國五十二年（一九六三），我將第一次出國訪問歸來的見聞，寫成《海天遊踪》。因為這本書，我結交了更多海內外的讀者朋友。當時雖然忙碌，但為了回報讀者的好意善緣，我每週固定一天或者半天，一定到三重的文化服務處，親筆回覆書信，而且每次都要回覆六十到一百多封。雖然徒弟們自

大師與藝文界朋友合影於佛光山台北道場。前排右二起：應未遲、司馬中原、姚家彥、蔡文甫，左一為陳宏、左三為李念湖；後排右三為劉靜娟，後排左一起為郭嗣汾伉儷、程國強、姚宜瑛、潘人木。（1995年2月10日，蔡文甫提供）

謙，他們回覆書信沒有我的老練，其實我自知，自己不成熟的文體，只能算粗製濫造。

不過我對於寫作，不論書信、遊記、散文、小說、詩歌，各種題材，都很願意嘗試，所以後來寫《講演集》時，就感覺到自己的材料很豐富。然而平心而論，我最早期的〈星君仙女下凡塵〉以及〈宗教同盟大會〉等作品，都無法登大雅之堂。當時只是初學，但為了弘揚佛法，即使作品生澀不成熟，我也不顧忌地獻醜了。

多元弘法開風

想起五〇年代初期，那些護教的文章遭人批評謾罵的時候，其實我並不計較，因為自青年時期開始，我參與多種佛教雜誌的編輯工作，就是一心想做個佛教的評論家。我自覺自己有公平正義的性格，應該能為佛教界的是非、邪正、善惡，留下公正客觀的歷史批判。

例如，我曾建議中國佛教會派人出國布教以推動國際佛教、加強教會與訓練人才、建立信徒資格審查、確立佛教考試制度等；或者呼籲政府訂定國定佛誕節、主張寺院住持與管理人應由僧眾一人統一擔任、以「改良拜拜」代替「取締拜拜」，尤其對於政府頒獎表揚慈善，直言不諱地說，此乃促使佛教墮落之舉，政府應該鼓勵佛教從事文教弘法等。這些，對當時保守的台灣佛教，確實產生很大的衝擊，但對日後佛教地位的提升，豈能說沒有助益呢？

但後來，我因為辦了佛學院，想到自己為了主持公平正義而批評別人，別人也必定對我有所批評；為了擔心傷害徒眾的信心，感覺到此路不通，為了保護徒眾，只有規規矩矩地興學、做人了。

這之後，也由於佛光山的發展，信眾們希望將我的著作製作成電視節目，讓佛法更為普及生活化。雖然在民國八十六年（一九九七），我們開設了「人間衛視」，但在這之前，電視弘法，也是經過許多辛酸苦難。例如，我們曾與台視經理劉震慰談妥，買下每週一個小時做佛教節目，但開播前節目卻被取消了。我問：「怎麼會這樣不講信用？」台視的人也很無奈說：「並不是我們要刁難你，是蔣夫人說佛教不准上電視。」

另一次，跟中華電視台共同製作「甘露」這個節目，我們還特意在播出前，在報紙刊登廣告，周知信眾收看。可是冷不防地，播出當天一早，我接獲通知說：「這個節目不准播出！」我急忙趕到電視台，請教負責人：「節目怎能說不播就不播呢？」想不到他回答我：「和尚不能上電視！」我說：「電視連續劇裡，不也常有很多的和尚出現嗎？」他竟然理直氣壯地回答我：「他們是假和尚！」真和尚不可以，假和尚卻可以，你說這個世界還有什麼公道可言呢？

究竟是他們怕蔣夫人，還是他們排斥佛教呢？真相我不得而知。不過，等到蔣經國總統主政之後，我在電視台裡面，也就無所顧忌可以講說弘法了。尤其當時台灣的電視台只有三台，他們各台都互不來往，只有我每天「遊走三台」，因此三台上都有我的「法語」播出。

那時候，我在中視播出《信心門》、《星雲說》；在華視播出《星雲法語》；在台視播出《星雲禪話》、《每日一偈》、《星雲說喻》，甚至《星雲法語》還曾經在民視播出一段時間。這一切的好緣分，應該感謝周志敏女士的幫忙，周女士是電視公司內部的節目主持人、製作人，在電視圈裡有一定的力量，她對我電視弘法的貢獻，可說居功甚偉！

如今，我的文字不僅印成鉛字，它也變成電台的廣播、電視的節目、電影的戲劇，甚至化做2D、3D、4D的各種圖書、動畫、短片，透過現代的網路科技，無遠弗屆在整個世界，以各種語言傳遞真善美的理念，這不是很值得欣慰的事嗎？

對於弘法與寫作的理念，我一向

佛教第一家電視台「佛光衛星電視台」（今更名「人間衛視」）於台北林口體育館舉行開台典禮。（1997年12月14日）

主張要有文學的外衣、哲學的內涵，因為文學要美，哲學尤其要有理，內外相應，無論是長篇或者短文，必然是好文章。胡適之先生說，《維摩詰經》是世界上最長的白話詩，而《華嚴經》、《大寶積經》，都是長篇或短篇的小說。在我覺得，佛學就是文學和哲學的總合。

所以，曾有人問我，為什麼我這一生，這麼熱愛文字寫作？我告訴他，文字，是生生不息的循環，是弘法的資糧，人不在，文字般若還在。一個人因為一句話而受用，這輩子乃至下輩子，都會對佛教有好感。透過文字媒介，不只是這個時代，不只是這個區域的人，都可以接觸到佛陀偉大的思想，幾千、幾萬年以後，此星球他星球的眾生，也可以從文字般若中體會實相般若的妙義。

因此，後來我不但帶領弟子彙編《佛光大辭典》、《中國佛教經典寶藏精選白話版》、《法藏文庫》，自一九七七年起，四十幾年來，我們持續編修《佛光大藏經》，日後全部出版，這將是千餘冊的鉅作。另外，我還編寫了《往事百語》、《佛教叢書》、《佛光教科書》、《人間佛教系列》、《僧事百講》等數百本與人間佛教相關的教材，希望提供僧團培育青年之用。

星雲大師口述之《百年佛緣》，於國家圖書館舉行新書發表會。此為大師八十七年之生命歷程，並呈現百年來兩岸社會、宗教、生活經驗。初版於二〇一二年由國史館發行，二〇一三年三月出版增訂本，共十六冊、一百六十萬字。（2013年4月2日）

尤其二〇〇〇年，《人間福報》創刊之後，我開始在頭版撰寫專欄，逼著我不得不每天供應他們文章。二十年來，我從來沒有缺席過一天，《迷悟之間》、《星雲法語》、《人間萬事》、《星雲禪話》、《星雲說偈》，都各自連載了三年，有徒眾打趣說，這應該去申請寫作的金氏紀錄了。

當初，我從一個二十歲不到、為佛教改革與前途振臂疾呼的僧青年，到台灣駐錫弘講、建寺安僧，靠著一枝禿筆生存立

《星雲大師全集》共三百六十五冊、十二大類、三千餘萬字、五萬條目，長度八公尺、重達一百五十公斤。

足，及至後來創辦佛教的文教事業，將佛陀教法透過文字與出版品，流傳到世界各個角落。我這一生，也由於文字編寫的因緣，擴大了視野，廣交各界的能人異士，可以說，寫作豐富了我的生命。

而今，我已垂垂老矣，眼睛看不到，連書也不能看了，不過在國史館的邀約因緣下，我還是口述了一部一百六十萬字的《百年佛緣》。後來又靠口述，寫了《貧僧有話要說》，其實這不是預想中的事，我只是因為一些佛教團體給社會媒體批評傷害，基於保護佛教的心情，才寫了《貧僧有話要說》。發表以來，承蒙各界給我的鼓勵，我本來只想寫二說、三說就好，在盛情之下，最後也寫了四十說。

本文所言，應該就是我這一生寫作的大致過程。所以有人問我生命何在？我說我的生命，就在文字寫作裡，就在講述傳教裡，就在信仰修持裡，就在廣結善緣中。至於其他像創辦大學、建設寺院等事業，那都是靠僧信二眾的團隊，大家集體創作而來，我個人就不敢居功了。

三 我的文字編寫因緣——如何自學編輯

「我的園地」試啼聲

我做為一個出家人，除了知道一些佛理以外，梵唄唱誦應該是不合格的，可是佛教裡最需要的就是梵唄唱誦。一個出家人會得梵唄唱誦，到處都會受歡迎，有一句話說「會得香雲蓋，到處吃素菜」，就是這個意思。偏偏我五音不全，連「香雲蓋」都唱不下來。以這麼樣的條件，在佛教裡，可以說應該是走不出去的。

好在我生性勤奮，歡喜舞文弄墨。在焦山念書的時候，我的作文甚至老師都還替我謄清，送到江蘇省會鎮江的報刊上發表。我原本也沒有學過詩詞歌賦，由於焦山位在長江中心，在那樣的環境，偶爾晚餐後，在沙灘上散步，真有王勃〈滕王閣序〉中「落霞與孤鶩齊飛，秋水共長天一色」的美感，每每引發我寫一些小詩。每一篇寄到各報刊，篇篇發表，給了我很大的鼓勵。

可見得，人生的道路很多，此路不通還有彼路，不要墨守成規，也不必自以為愚痴不會，所謂「愚者也有一得」，所以我自己培養文學的興趣，興趣也成長了我。

我想，既然喜歡寫東西，就應該進一步學習編輯；因此，每個月規定自己編一本專屬自己的刊物，叫做《我的園地》。跟一般刊物一樣，有發刊詞，有社論，有講座，有專論，有隨筆，有新詩，還有編後記，甚至小說，每個月再怎麼樣功課忙碌，必定把《我的園地》書寫完成，如期出刊。其實這本刊物的讀者，只有我自己一個人。

離開焦山以後，第一個獲得的工作就是宜興白塔國民小學校長，在那個時候，有一位同學智勇學長也長於文字，兩個人志同道合，編發一份《怒濤》月刊，這份刊物取名叫「怒濤」，意思就是要用怒吼的波濤，沖毀腐舊的惡習，還給佛教一個清淨的本來面目。

當時在那個鄉村地方，也找不到印刷廠印刷，就由智勇書寫鋼版，我做發行。這一本油印的雜誌，每次發行五百份。原來以為這份油印的雜誌，應該不會引起人的注意，再者，裡面的文章立論激烈，可能會引起佛教界的反感，結果，第一期出刊之後，就得到素有佛教雜誌權威的《海潮音》替我們刊登一個義務廣告說：「我們又多了一支生力軍！」這個鼓勵，給我們很大的力量。

原本以為家師志開上人也會怪我興風作浪，沒想到，他不但沒有怪我，還寄了五百令的紙贊助我們，這又給我們無比的鼓勵。

這份《怒濤》前後編了二十多期，後來因為白塔國小這個地區是國共交火的地方，

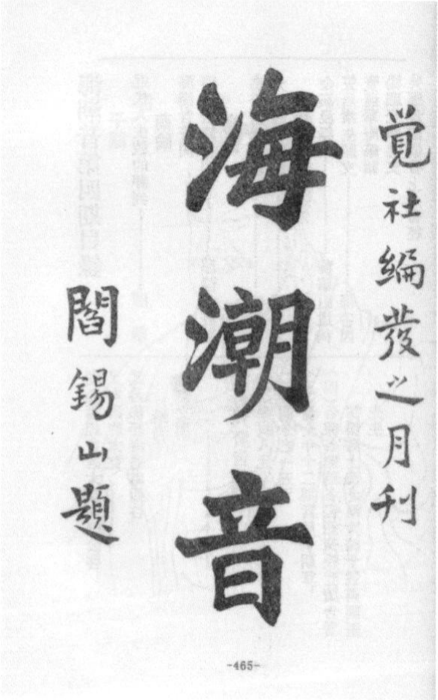

《海潮音》月刊。

實在生存困難，不得已我又回到了南京。

動盪時代辦雜誌

一九四七年冬，承蒙江蘇徐州《徐報》的王老董要我替他主編副刊，定名為〈霞光〉；可惜，我只編了一期，就爆發了「徐蚌會戰」（即淮海戰役），當然，這個短命的副刊也就夭折了。

因為徐蚌會戰震動了南京，當時局勢風聲鶴唳，我在前途茫茫之下，隨著僧侶救護隊，在只想逃命、也不問前途的情況下，就這樣到了台灣。

我到了台灣後，知道在台中的學長有一份《覺群》旬刊。這是一份抗戰勝利後，由太虛大師創辦、在上海發行的雜誌。它的發行量很廣，可以說是一份走改革佛教的雜誌，因為戰爭的緣故沒有辦法繼續出刊，就由我在焦山讀書時的學長、時任上海市佛教會秘書的大同法師負責，將這份雜誌從上海帶來台灣。

一九四九年初，大同法師因為匪諜嫌疑遠走香港，遺留這份《覺群》還沒有出刊，其他人也不知如何辦理。因為我在大陸有編寫的經驗，他臨走前交代他們，要我去負責主編。因為這是太虛大師要革新佛教的一份雜誌，我當然很有興趣為它服務，也願意做出貢獻；但是我只編了一集，出版後，就受到警察的調查。當然，我不能為了編輯雜誌，就跟警察、安全人員挑戰，同時也怕連累到中壢圓光寺居住的問題，我不敢再到台中。因此建議台中寶覺寺的住持林錦東法師（又叫宗心法師）另請高明。他就請到台中圖書館的總務主任朱斐前來主編，終於在夏秋之際，雜誌復刊出版了。

沒想到，在第一版上聲明，今後《覺群》要更改為紀念印光大師，弘揚念佛法門，提倡淨土學說。我在中壢圓光寺看到這樣

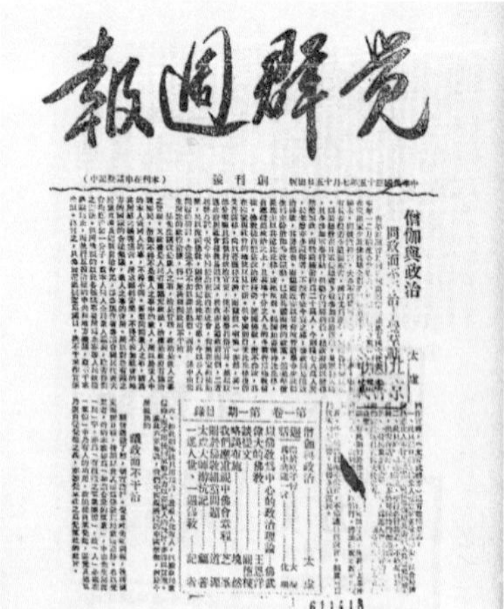

太虛大師於上海玉佛寺創辦的《覺群》週報創刊號（複印版封面）。（1946年7月15日）

的啟事，大為不滿。我認為太虛大師、印光大師，都是大德，但是，這好比張家的祠堂，你不能隨便把它改成李家的祠堂，我就寫了一封信去質問他，你怎麼把太虛大師創辦的雜誌，拿去紀念印光大師呢？這張冠李戴，怎麼也說不過去。

原來，朱斐居士是跟隨李炳南居士學佛，二人同是印光大師的弟子；他把我的原信刊出，並且說我不贊成淨土法門。其實我一生，打的佛七約有百次以上，再加上早晚念佛、週六共修，那就更多了。我是倡導「禪淨共修」的人，主張「解在一切佛法，行在禪淨共修」。為了這一段文字編輯的因緣，招來我在佛教界一段很不好聽的名聲，說我反對念佛，增加了我在台灣弘法的困難。後來，《覺群》改名叫《覺生》，發行了一年之後，又再改名《菩提樹》。這就是在台灣發行多年的《菩提樹》雜誌的來由。後來《菩提樹》出刊，我經常投稿，我和朱斐居士也時相往來，成為很好的道友。

這個時候，因為我的文章不斷在《覺群》、《覺生》、《菩提樹》發表，居住在新北投的東初法師辦了一份《人生》月刊，要我去為他主編。我原本就已經斷不了的文字編輯因緣，又再繼續下去了。

我斷斷續續編了六年的《人生》雜誌，這六年中，我沒有用過《人生》雜誌的一張稿紙，沒有用過它一張郵票，也沒有支過它一分錢的車馬費，說起來，從那時候開始，我就為佛教的文化做義工了。

後來東初法師跟我講，因為我的這一份雜誌，讓你們揚名立萬了。又說，現在你也應該幫忙，我們把雜誌從二十四頁增加到二十八頁，新增的四頁，就由你出資好了。

我為了編輯的興趣，很辛苦地籌募這四頁增加的費用，甚至光在宜蘭這一個地方，我就介紹了三百多個長期訂戶。這都是靠著信徒助印、捐獻訂閱支持才有的。

在編《人生》雜誌期間，我

《菩提樹》雜誌。（1957年）

學到很多，比方花蓮大地震，東初法師要我去救災，那是我第一次學習如何救災。還有，他寫的文章經常在發表後，引發外界的一些爭論，他都說那些文章是我寫的，我也必須學習代他抵擋這些議論。

《人生》雜誌在當時的佛教界，算是一份很有權威的雜誌，因為有東初法師好評論佛教，有南亭法師專寫佛教長篇文章，煮雲法師、心悟法師都加進了我寫作的陣容，我真是廢寢忘食地要把這份雜誌編好。

每個月，我必須從宜蘭到台北兩次，一次是送稿給印刷廠排版校對，過幾天後，再上來做最後校對印行。記得那時候也沒有經費坐汽油車，都是坐普通的運煤車，必須經過二十三個山洞，每一次宜蘭台北一趟下來，鼻孔都塞滿了煤灰，期間的辛苦，現在的人已經難以想像了。

覺世四十不遲到

後來我不能為《人生》雜誌繼續編下去，原因主要是在一九五七年台北健康書局張少齊、張若虛父子想要辦一份弘揚佛教的刊物，以報紙型態發行，預計每十天一期，要我擔任總編輯。

他們本來要叫做「旬報」，但我知道，依政府的規定，每週出刊的可以叫「週報」，但十天一期的還是名為刊物，所以我就建議他們叫「旬刊」，《覺世》旬刊就這樣定名下來，並且在同年的四月一日創刊。

《覺世》旬刊是一份四開的報紙型刊物，我雖然沒有編過這樣的期刊，但覺得很有挑戰性，特別是我一向有「做中學」的性格，於是就邊做邊學。總聽人說「皇天不負苦心人」，確實，我只編了二、三期，得到好友李春陽的指導後，自己就能上路了。

我本著公平原則，報導佛教各界的新聞、活動，我也秉持公正精神，撰寫〈雲水樓拾語〉，評論佛教的是非得失。當然，這份《覺世》蒙佛教各界的重視，而發行得非常廣泛。

編輯《覺世》旬刊的同時，聽說《今日佛教》忽然宣布要停刊。我乍聽之下，覺得非常可惜。實在說，《今日佛教》是一本很好看的美術畫刊，由廣慈、煮雲等法師，以及李春陽發起。它的照片精彩，圖文並茂，編輯得相當精彩，當然，畫報畫刊要比文字更容易得到讀者的歡迎。尤其，它也刊登了大陸的錦繡河山、介紹大德高僧等內容，大家看得很歡喜。

經辦不到一年，就宣布要停刊，必然是因為經濟不夠周轉。這

一九五七年張少齊居士創辦《覺世》旬刊，禮請大師擔任總編輯，每十天出版一期。後轉交由大師承辦，從報紙型、口袋型到雜誌型，四十餘年未曾間斷。今已改為《人間福報》「覺世副刊」。

一停刊，就有人不甘願，由台北善導寺住持演培，監院悟一、妙然等，組織了一個八人的社務委員會，由我擔任執行編輯。於是我又披掛上陣，開始了文字的編寫工作。

改編後的《今日佛教》，我就寫了一篇〈我們的宣言〉，還獲得李炳南居士來信給我讚美；接著我又寫了〈我們要有殉道的精神〉，時值戒嚴時期，哪裡能隨意講話，但是為了要弘揚佛法，我也就一不做二不休地豁出去了。

在我編輯《今日佛教》不到兩年的時間，原發行人廣慈法師又把它討回去自己辦，我就專心去辦《覺世》旬刊了。

佛光山接手《覺世》旬刊之後，有朱橋（朱家駿）、陳劍慧、慈惠、慈怡、依晟等人都來幫忙編務，前後發行四十年，從來沒有休

《今日佛教》雜誌。

刊過。尤其我創了一個紀錄，旬刊在每個月的初一日、十一日、二十一日出刊，我必定在這之前，將旬刊送到讀者家中，沒有延誤過一期。我自感安慰，這也顯示了我準時的性格。

撰文編輯生法喜

文字編輯工作是會讓人上癮的，而我更樂在其中。在宜蘭弘法時，我除了幫忙當地的《國光》雜誌、《宜蘭青年》寫稿之外，自己又編印了一份《蓮友通訊》，每半個月一期。當時，委託一位家裡開設中華印刷廠的青年吳天賜幫我印刷，後來因為這份通訊的關係，度了他跟隨我出家，他就是後來佛光山的第二代第四任住持心平和尚。

說來，我對帶動台灣出版界的進步，應該有些許的貢獻。例如，朱橋先生幫我編輯《覺世》和《今日佛教》的才華，為《幼獅》雜誌所欣賞，就把他請去擔任主編。當時我建議他標題做大一點，字不要排得密密麻麻，結果，一出版就引起震撼，當時很多雜誌也隨之跟著改頭換面，為台灣雜誌的編輯掀起大大的改革運動。

我初到台灣來的時候，有一份《自由青年》雜誌，是仿當時《今日美國》雜誌而創辦的。當時，中興大學教授錢江潮先生（後來擔任台北市政府人事室的主任），因為我經常投稿，特地到中壢來看我，要我去做該雜誌的編輯。

我跟他說：「我要做和尚。」他就說：「國家興亡，匹夫有責，到了這個時候，和尚也要愛國。」我回答他：「我連和尚都做不好了，其他的事還能做得好嗎？」我仍然堅持做一個和尚。就好比古德有一首偈云：「昨日相約今日期，臨行再三又思惟，為僧只宜山中坐，國士宴中不相宜。」雖然拒絕了他，但我後來還是經常幫他撰文寫稿。

那時候為什麼那樣喜歡寫文章、歡喜編輯呢？又沒有稿費可以拿。我完全是基於護教。例如：名伶顧正秋在永樂大戲院演京劇，內容有對佛教不利的地方，我就寫了一封〈致顧正秋小姐的公開信〉，跟她抗議，也不管她的背景是任顯群還是蔣經國。曾有記者問過我，為什麼熱愛文字編輯，終身不輟？因為

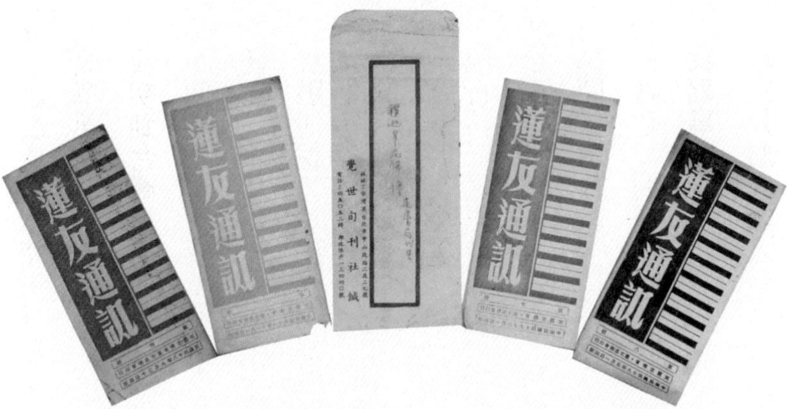

早期宜蘭念佛會信徒凡有欲供養大師，大師都婉謝，轉而鼓勵以六十元助印「蓮友通訊」，信徒感動進而護持，乃有後來的佛光山。

一九五七年起，大師提倡每月印經，將艱澀難懂的經文，採新式標點符號，加以分段、分行，如普通小說體裁一般，俾使佛法能普遍為大眾所接受，是改進閱讀佛經的一大創舉。

文字是生生不息的循環，是弘法的資糧，人不在，文字還在。一個人因為一句話而受用，這輩子，乃至下輩子，都會對佛教有好感。透過文字媒介，不只是這個時代，不只這個區域的人，都可以接觸到佛陀偉大的思想，幾千、幾萬年以後，此星球、他星球的眾生，也可以從文字般若中體會實相般若的妙義。

好比，我從一九五七年開始提倡「每月印經」，將艱澀難懂的經文，採新式標點符號，加以分行分段編輯，如普通小說體裁一般，使得佛法能普遍為社會大眾所接受。後來，我繼續創辦《普門》雜誌，以普遍化、生活化、藝文化、趣味化為宗旨；在發行二十餘年後，二〇〇〇年時，就轉型到馬來西亞發行了。

編藏編典寫新頁

曾經獲得優良圖書金鼎獎的《佛光大辭典》，於一九七八年開始編撰，耗費了十年的時間才終於問世。在此之前，一九七七年我發起成立「佛光大藏經編修委員會」，以編撰現代佛教聖典為目標。春去秋來，佛光山編藏的工作已超過四十年，總共完成了《阿含藏》、《禪藏》、《般若藏》、《淨土藏》、《法華藏》等，共一百九十八冊。我想，等到十六部藏全部完成時，應該也有千冊左右了。

如今，隨著科技進步，《佛光大辭典》及《佛光大藏經》也都發展出電子版，以方便攜帶保存，並且易於查詢檢索、比對。

二〇〇〇年，佛光山啟動了《世界佛教美術圖說大辭典》的編務工作，歷時十餘年，終於在二〇一三年

《佛光大辭典》及光碟版。

出版。當年，我叫如常法師編輯這部圖典時，問他需要多少錢，他說大概需要一千萬。我就將《浩瀚星雲》這本書所得的版稅一千萬元，悉數給他做為編務行政費用。可見我們並不是光口頭叫人家做，自己也要先有所行動才行。

這一部二十鉅冊的美術圖典出刊後，對建築界、藝術界、教育界、工藝界，應該都會有相當的貢獻；尤其在佛教的歷史上，透過這許多藝術的呈現，讓世人知道，佛教對全世界文化的影響，是抹煞不了的。

《世界佛教美術圖說大辭典》華

歷時十二年、由大師總編修之《世界佛教美術圖說大辭典》，為世界佛教藝術首次大結集，亦是台灣佛教史上一大成就。（2013年）

文版出刊後，英文版也於二〇一六年問世。感謝來自世界各地許多友人，如美國、日本、韓國、新加坡、馬來西亞、冰島、丹麥等，尤其中國大陸給予我們的支持最多，都在此說聲謝謝了。

除了上述大部頭書籍的編纂工作，為了鼓勵佛學研究，早在一九七六年，我就創辦了《佛光學報》，佛光山文教基金會創會之後，每年也出版一本論文集；接著自二〇〇一年起，由滿果法師主編《普門學報》，每兩個月一期，整整編了六年；每期我也參與其中，貢獻自己一

二〇〇一年發行二十餘年的《普門雜誌》轉型為《普門學報》論文雙月刊。（2016年復刊更名為《人間佛教學報．藝文》）

篇文章。

除了《普門學報》，我還邀約兩岸的佛教學者共同將經律論中重要的著作，做有系統的整理，翻譯成白話文，在一九九七年出版了一百三十二冊的《中國佛教經典寶藏精選白話版》。

這是因為在長久的弘法過程中，經常有人告訴我，他沒有學佛的原因，是因為他看不懂佛經，假如有一本白話文的經典，那他學佛就不難了。為此，我就一直有心想要替佛教編輯一部白話經典。

可是，佛學的翻譯是非常困難的，無論翻譯成英文，或是翻譯成日文、韓文、西文、法文、德文等，不管翻譯成哪一國文字，都相當不容易，甚至連文言文的佛經要翻成白話文，也是一樣不簡單。

例如，每一部佛經的開頭都有一句「如是我聞」，光是這一句話，要把它譯成白話文，就讓我煞費周章，思考怎麼樣把它說得讓人懂而又不失原意。後來我發覺到，只有譯成「《金剛經》是我阿難聽佛這樣說的」，或者是「《法華經》是我阿難親自聽佛這樣說的」，才比較符合原來的意思，這確實是花了我許多的時間思索，才敢這麼斷然決定。

因為要讓人懂得經典的內容，只有像鳩摩羅什大師那樣的意譯，才比較容易讓人明白。中國佛教史上四大翻譯師中，尤其以玄奘大師和鳩摩羅什大師最為特出。他們一位是直譯，一位是意譯。羅什大師的意譯經典，如《阿彌陀經》、《法華經》、《金剛經》、《維摩詰經》等，因為文字暢通，讀誦容易，普遍較為大眾所接受，流傳也比較廣泛。而玄奘大師雖然也翻譯過《金剛經》等，但都不流傳了，因為意思雖然到口，但誦讀起

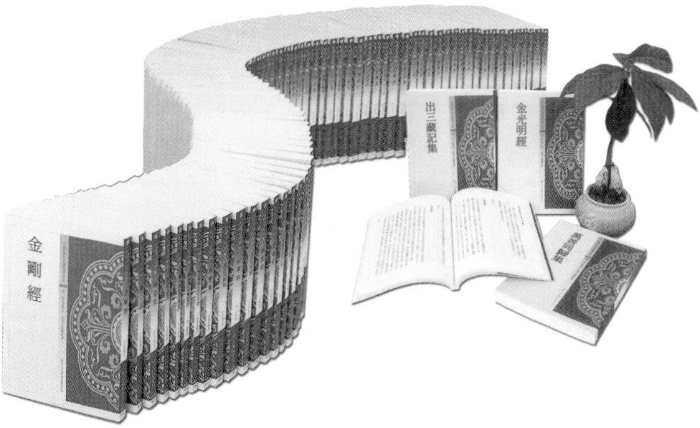

《中國佛教經典寶藏精選白話版》由佛光山宗務委員會編纂，歷經五載，一九九七年五月出版。此乃中國大陸及台灣兩百餘位學者專家的心血結晶，共一百三十二冊。

來困難，也就少為大家所熟知了。

因此，我曾經請依空法師、吉廣輿夫婦把我的意思帶到大陸去，邀請學界幫忙翻譯佛經；我也請慈惠法師到北京和那許多學界多次溝通，而有現在我們看到由海峽兩岸一百二十位作者所翻譯的《白話經典寶藏》。

以白話文來闡述經典，是一個嘗試性的突破，可是這個工作由於人才的不足，成果並未能盡如人意。儘管如此，當初能有這樣白話版本的發行，確實相當困難，也可以說為佛典的翻譯史寫下新頁。

《白話經典寶藏》編輯之後，我知道大陸許多的碩、博士生都以佛學做為他們的研究方向。我從中選錄了四百多篇的論文，集成《法藏文庫．中國佛教學術論典》，全套十輯，精裝一百一十冊，分為思想史、歷史、制度、語言、文學、考古、建築、藝術等六大類，總共加起來也有數千萬言。

感謝北京首都師範大學程恭讓教授的協助，永明、永進等法師的參與，可以說花了很多的力氣才得以編輯完成，印刷出版。

當然有的文章難盡人意，有的文義也不容易明白，甚至我也知道，這些碩、博士論文裡，有的人不一定從信仰入門，甚至有些從批評角度撰寫，曲解佛教的也有，但我都將他們的原文搜羅出版，因為我要讓後代的人知道，這個時代的文化產物就是如此，我們必須把它留給後人去研究，不能讓這個時代的歷史就這樣消失。這就是我編輯《法藏文庫》出版的緣由了。

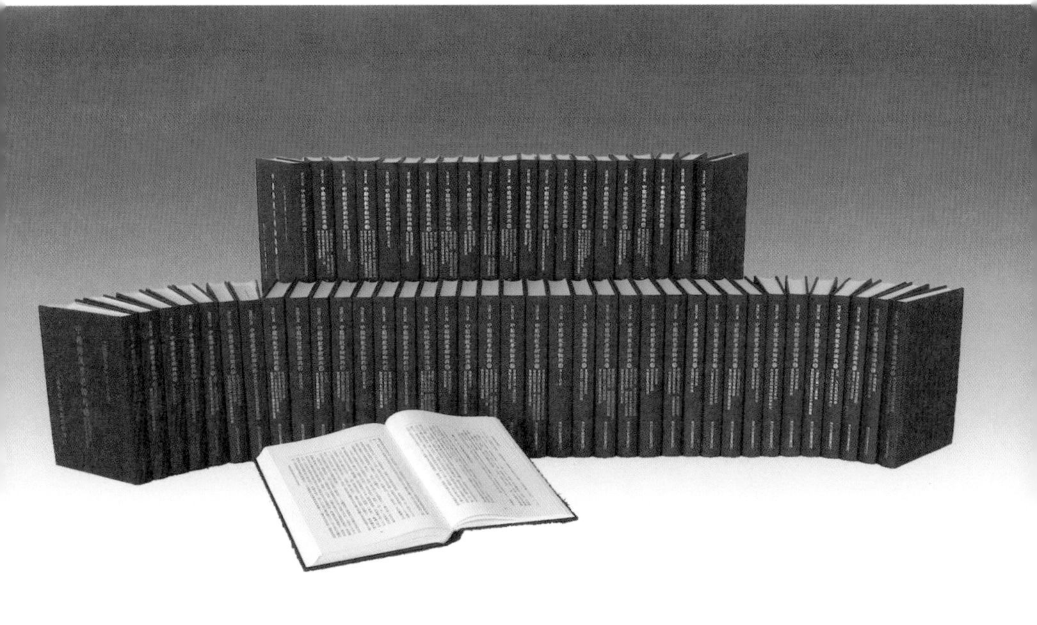

《法藏文庫》。

開枝散葉文化緣

我自己沒有讀過多少書、受過多少教育，也沒有受過什麼文化的訓練，但是我對佛教的教育、文化，可以說如痴如醉。例如，當初創辦《人間福報》的時候，多少人勸我，現在平面媒體走下坡了，不要辦了。以前我們因為貧窮，沒有辦法自己辦報，只有在各報買版面，由我們編輯內容提供給他們印行。現在我有力量了，我們必須為佛教發聲，為佛教留下一個歷史。就這樣，我親自帶著幾個徒弟，從策劃、邀稿到版樣設計，全心全力投入。《人間福報》終於在二〇〇〇年四月一日

《人間福報》。

創刊，由依空、心定法師先後擔任發行人。

有人問我，為什麼選在愚人節這一天創辦這份報紙？我想，因為我有「愚公移山」的精神。《人間福報》首任社長是依空法師，記得我還跟他說，我籌了一億元給你辦報，你能辦到三年，倒閉了我也不怪你。

欣慰的是，《人間福報》至今已經十九年了。可以說，種種苦難、挫折都有，但我不計較，因為這些苦難、挫折滋養了我們的慧命。如今回想起來，我要謝謝那些當年好意相勸的人，他們給了我危機意識，也給了我永不退縮的堅持。

值得一提的是，陸續有全球各地的華報，如：紐西蘭、芝加哥、紐約、聖路易、澳門、新加坡、菲律賓等，都表示福報的內容充實、清新，是一份很好的華文教材，希望我們能提供內容給他們的報紙刊登。這確實是一件令人欣喜的事了。

除了《人間福報》，前後我又創辦了佛光出版社、佛光文化、香海文化公司、人間通訊社以及大覺文化公司等，陸續有永均、蔡孟樺、妙蘊、妙開、滿觀、妙有、妙普、黃美華等人負責執行編務、發行等工作。其中，蔡孟樺對我的書籍出版用力甚多，像《迷悟之間》、《人間萬事》、《星雲法語》、《人間佛教叢書》等，還曾經獲得印刷界的「金印獎」。而這幾年，上海大覺文化公司在大陸為我出版簡體字版相關書籍，承蒙大陸讀者的厚愛，竟然也讓我擠進所謂的「版稅富豪排行榜」了。

因為出版與編輯，我也替佛門培養了許多人才。例如六十年前，慈莊、慈惠等人就是喜歡寫文章，歡喜我替他們改文章而進入佛門；後來又在台北三重文化服務處工作，我們寫下了許多佛教文化的輝煌紀錄。例如印行的《中英對照佛學叢書》之〈經典之部〉、〈教理之部〉等，都是膾炙人口的出版品。尤其，慈莊法師負責的佛教文化服務處，對早期佛教文物、出版的流通推廣，貢獻很大。

而佛光山派下第一代弟子，像慈莊、慈惠、慈容、慈嘉、慈怡、心定等，每個人都有自己的著作出版。之後，在報紙、雜誌、出版以及編藏等方面，像依空、依晟、永明、永進、永本、永芸、永莊、滿義、滿果、滿光、滿紀，以及《人間福報》的妙熙、覺涵等所有的出家弟子等，都有一些傑出的表現。

現在，佛光山年輕一代的弟子，不僅能寫，還能畫、能攝影、能使用電腦編輯。為了鼓勵他們編寫，我無論工作多忙，都會替弟子的書寫序，甚至在書名、標題、編輯等方面提供建議。

我從一個二十歲不到、為佛教改革與前途振臂疾呼的僧青年，到台灣駐錫弘講、建寺安僧，靠著一枝禿筆生存立足，乃至後來創辦佛教的文教事業，將佛陀教法透過文字與出版品流傳到世界各個角落。我這一生也由於文字編輯的因緣，擴大了視野，廣交文化界能人異士，可謂無限歡喜了。

佛光出版社（今佛光文化）發行《中英佛學辭典》及《中英對照佛學叢書》。包括〈經典之部〉、〈教理之部〉。此項計畫由大師主持籌劃，是首部中英對照之佛學藏經。（1962年）

四

我怎樣管理佛光山——如何自學管理

管理就是「不管理」

常有人讚歎佛光山的管理有序，是一個無諍的團體，就問我：「您是怎麼樣管理的？」一時之間，叫我還真難以回答。因為「法無定法」，管理哪裡有一定的成規呢？假如要說有根據的話，那就是佛教的戒律了。但是佛教的戒律，又由於地理、時代、氣候、習俗等等不同，也不能一以概之。若說要用清規，也由於人員的不同、事業的不同，各種性格，為了適應種種差異，需要有所變化。

因此，「管理」沒有辦法用一個法就可以來總括說明，全在於一種「存好念」、「與人為善」、「從善如流」，一切為人去設想。

就好像政治，它是為民服務的，不是用權力來壓制的；如果是服務的政治，一定是皆大歡喜；反之，壓制的政治，必定也招致反抗。所以我常說，我的管理學完全是順乎自然吧！因為我總想，天有天的性格，地有地的性格，人有人的性格，物有物的性格，你能順應天時、地利、人和，並且活用，那就會皆大歡喜了。

台灣大學曾有人發起要我去講授「管理學」，很慚愧，你要我講說，我還真不知道從何講起，因為我平常待人處世，大概只有一個「誠」、一個「理」，講究信用、講究尊重，若要講學術理論，我就不知道如何講了。

一般講管理，大概不離管財、管事、管人；其實，人在世間上不是一定為金錢來服務的，錢再多也不能滿足人的欲望，我想，給人尊重、給人方便、給人歡喜，那是最容易讓人滿足的了。所以我跟人相處不容易起紛爭，主要是因為我總是因人、因事、因種種的不同，而給他適當合理的交代就好了。

說到「管理」，我的管理就是「不管理」。這句話聽起來好像不太合理，不管理的社會團體，不是更混亂嗎？其實不然也。道家講「無為而治」，佛教講「自我覺悟」，每一個人能夠自我覺悟，就是自己管理自己，每一個人都是管理師，何必要什麼「管理學」呢？

現在的時代，管理學非常普遍，有學校管理、醫院管理、工廠管理、財務管理、人事管理……到處都是管理學。管理學的類別很多，其實真正的管理，就是「不管理」。因為有的人越管理越亂，不管而管，才是高招；再者，管理的人固然要高竿，被管理的人也不能太自我，被管理的人要靈巧、要有自覺，這樣就好管理了。如果一個再好的領袖，遇到愚鈍者，他也會束手無策，或者優秀幹部，遇到不好的主管，他也難以發揮才能，這對雙方而言都很麻煩。所以，管理不是個人的事情，是需要團隊一起成就的。

好比有一次我在美國西來寺，有一個徒眾反應不過來，我問他：「你學什麼的？」他說：「我是學管理的。」我就想到，管理財務容易，因為金錢不講話；管理事務也容易，因為事也不講話；管理人這就很麻煩了，因為人有意見，有看法。但事實上，管人也還容易，真正難管的是管「心」。所以我常說，管理的最高境界是「心」的管理。

說到管理，無論是金錢的管理、人事的管理、物品的管理，要想到管理，一定要了解到「因果」，所謂「因地不正，果招迂曲」，如果你一開始沒有把方法、制度訂好，當然問題就會不斷地發生；假如事先訂定的法制，都能夠適合大家的需要，後面的情況就自然簡單無事了。

權錢分責自無諍

金錢的問題，在佛教裡，連沙彌都要受持「不捉持金銀寶物」，這在過去社會的僧團，沒有銀行存款儲蓄的問題，當然可以做得到。但是，現在時代不同了，需要有合理的經濟，才能有合理的生活。我自己出身貧苦，養成不要錢的習慣，但也有人窮苦多了，需求多了，就養成了貪婪的習性。所幸，我因為「空無」已經成為生活的重心，所以在金錢上，我也以「空無」來對付。

但是，個人可以空無，建寺安僧就不是空無能解決，必須要有一個健全的財務管理制度。而我的財務制度就是：「有權力的人不可以管理金錢；管理金錢的人不可以擁有權力。」也就是說，有權的人用錢，要用得有理；管錢的人沒有權，管理也要管得有分寸。

佛光山早期的一級主管，他們參與建寺開山，有人負責建築，有人負責教育，有人負責文化，有人負責生活，他們都握有很大的權力，但是他們不能涉及到金錢的存取。金錢都由小職事擔任管理，而這個負責管理金錢的人，受有權力者的節制，使用的時候，有權的人不能隨便動用金錢，一樣要經過層層的溝通，才能動用大筆的金錢。

初期，我對教團的錢財是怎麼管理的呢？曾經我把錢放在屏風後面，集合徒眾，對他們說：「你們要多少錢，就到屏風後面拿。你拿一塊錢，我不會說你拿得少；你拿一萬塊，我也不會說你多拿了。錢，是給你們用的，你覺得自己需要用多少錢，可以到屏風後面去自由拿。」所謂「各取所需」，就是用錢之道。

其實，徒眾們都知道常住的財務是很艱難的，所有的物資都是來自十方，也用之於十方，特別是開山五十多年來，一直到現在，常住一再的建設、工程，可以說，天天都在張羅款項，常住大眾誰敢浪費金錢呢？

我主要的意思，不是要讓大家不買、不用，但是在常住裡，已供應我們有吃、有穿、有日常用品，也有醫療制度，金錢對我們來說還有什麼用處呢？所以我記得，從五十年前一百多位徒眾，到三十年前一千多個徒眾，循序走到最後，放在那裡的十萬塊錢，都沒有減少多少。

所以在佛光山，不當的使用金錢、貪污……，一概沒有這種事情發生。這都是因為小職事把關，有權的長老使用金錢的時候，他們也會向常住依法申請處理，財務清清楚楚，才能讓有權力的人不隨便使用金錢，大家才能相安無事。因此山上的職事，從當初的心平、慈莊、慈惠、慈容等，他們沒有跑過銀行，也沒有記過帳目，大家都只是想到常住沒有錢，必須克勤克儉，佛光山才能有未來。

關於財務的運用，我是覺得國家應該要富有，我們團體應該要貧窮，特別是寺院道場。所以我的信念是要「讓佛光山窮苦」，窮苦才能生存長久。

因為金錢可以成事，也可以壞事，如果錢多了，會生事端，就會產生不肖的子孫，好比很多的有錢人家子弟，就是因為錢財太多，沒有好的結局，這就是我主張佛光山要窮的原因。沒有錢、貧窮，佛光山之所以無諍，這就是最重要的理由。所以數十年來，都沒有人敢在佛光山說要當家管錢。但假如有存款了，也要周告大家，讓大家知道應該要如何運用，必須集合眾議，才能動用大額的公款。

不過，「不要錢」不是很圓滿的觀念，要知道即使有錢也是大眾的，不是自己的。所以，有時錢來了，你也不能隨便就把它花費了。

安貧無我應萬方

因此，我想到一些花錢的事業，那就是辦大學、辦電視台、辦報紙等文教事業。這些都是無底深坑的事業，無論貼下去多少錢都不夠用，所以佛光山永遠都要為了要辦這些文教事業，同時又要辦救濟、辦施診醫療、辦養老育幼等等而努力，因此，

佛光山幾十年來一直鬧窮。

但是，沒有關係，窮才會奮發、窮才有力量、窮才肯上進。如果你貧窮，又不奮力上進，大學就沒有了，電視台就沒有了，報紙就沒有了，一切都沒有了，你還能生存嗎？所以佛光子弟都知道自己的任務，任重道遠，大家都得努力撙節開支、開源節流、大公無私，一切以社會服務為主。

貧窮還有一個好處，有的人一有了錢，修道就會出問題。例如：你稍微管理他嚴格一點，他就生氣，一生氣就走了，或者賭氣說：「我有錢，我自己到別處去建寺廟。」或者說：「我可以買飛機票到國外去旅行，我不要受你管理。」這樣就不能安住守道，這個人就會因為有錢而失敗。相反地，假如他貧窮、沒有錢，無處可去，可能他忍耐一下，過了明天，事情又有不一樣的情況了。

所以，有錢會作怪，必須要有大道德、大智慧、大慈悲、大包容、大根器的人，才有資格擁有金錢。如果金錢用之於公家，用之於大眾，大都平安無事；假如用於自己，有了錢，會使人自私好吃，有了錢，會使人懶惰玩樂，一

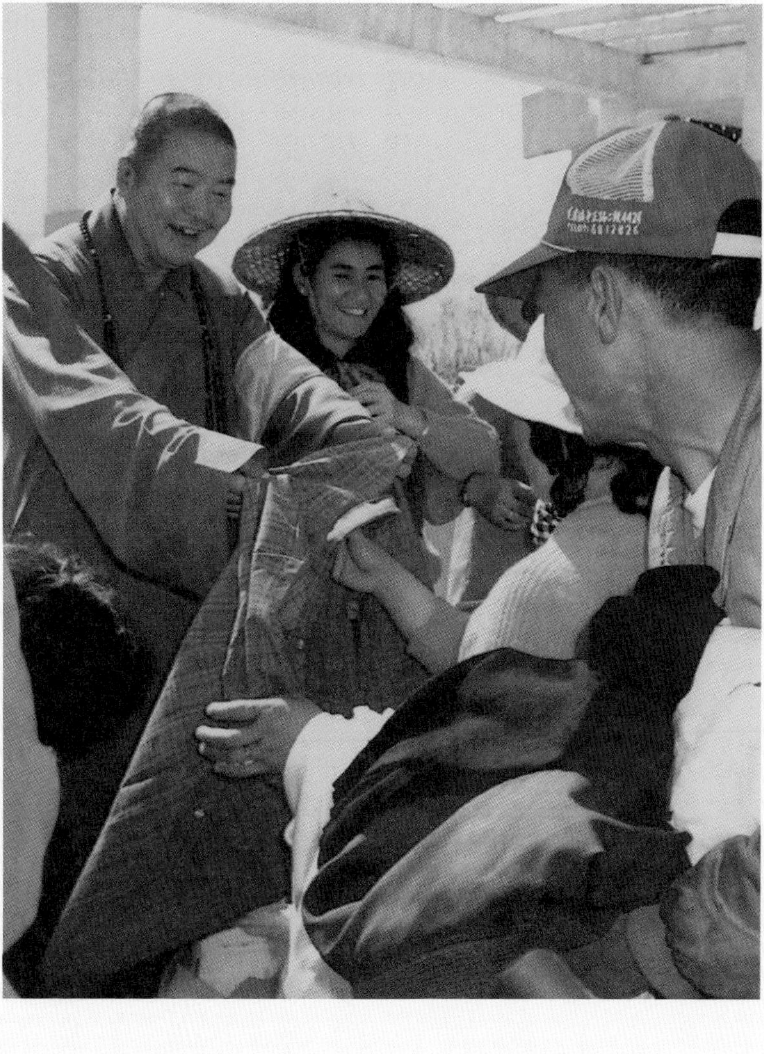

個好吃、自私、玩樂、懶惰的人，你說，他還會成器嗎？貧窮、淡泊是美好的生活，尤其一個修道的人不可以有錢，這是不變的原則。因此，佛陀一直警告我們要「少欲知足」，就是這樣的道理。

金錢不要是可以的，但是你要有道德、你要有學問、你要有能力、你要有智慧、你要有慈悲，因為那許多都可以化為金錢。就等於世間上的人，有的人只喜歡向錢看，其實比金錢重要的更多。例如健康，你有錢不健康，有什麼用呢？例如歡喜，你有錢不歡喜，有什麼用呢？例如平安，你有錢不平安有什麼趣味呢？

所以，健康、歡喜、平安、幸福比金錢重要。你不可能用金錢來換取自己的健康、歡喜、平安、幸福。金錢多了，不見得幸福歡喜，要從平淡的生活裡，找到幸福歡喜。就是有了錢，這也不會妨礙我們人生的觀念，不依金錢作威作福，不依金錢恃財傲物。

二〇一二年十二月二日，世界佛教青年會一群比丘在佛光山傳燈樓問我：「您怎麼替佛教擁有這麼許多廣大的事業？」我說：「那許多事業都是大家的，我自己本身只擁有一個『空無』。」這是他們不容易了解的。

假如我個人有貪圖的心，或者覺得這是我自己的錢財，我就會存到銀行，我就會去買股票，我就會去放高利貸生利息……經營種種與錢財有關的事。

但是我知道，這些財富都不是我的，是十方來的，我應該用之於十方。因此，我是在「空無」的真理中，發展空無的事業，所以才能越來越大。

儘管如此，這些是不容易為外人所知的。幾十年來，我沒有一張辦公桌，我沒有保險櫃，我沒有存款，我沒用過鎖匙，我也沒有開過支票，我沒有看過股票，即使我有權力，我也有執行力，但我不能接觸金錢。

儘管我本身實踐「空無」的理想，但事實上，我的收入還算是相當。例如：我的「一筆字」，相傳在大陸慈善義賣上，有人用幾百萬元人民幣標走；我在大陸出版的書籍，入選中國作家版稅富豪排行榜名單內。但實際上，我都沒有拿過一塊錢。出版書的版稅收入通知單，還沒有寄給我，我就已經把它拿去建大覺寺、建鑒真圖書館了。

此外，我也經常跟其他人結緣。早期我在美國洛杉磯，就經常資助許多在美國的留學生，有的信徒知道了，心裡感動，怕我沒有錢，塞一包錢給我，甚至警告我說：「您不可以給佛光山，這是給您自己用的。」我的信徒他們怕我沒有錢，不怕我有錢，其原因就是我不要錢。

但我自己要什麼錢？我又不養家活口，也沒有什麼嗜好，對於這樣熱心的人，我不得辦法拒絕的時候，只有說：「我替你做公益基金。」公益基金的存款就是這樣越來越多了。因此，我創辦「真善美新聞傳播貢獻獎」、「三好實踐校園獎」、「全球華文文學獎」、「教育獎」，希望讓這些錢財「十方來十方去，共成十方事」。

最近，我還想再辦一個「君子獎」，因為現在的社會，好人不容易出頭；過去滿社會都可以說是君子，甚至滿街都是聖人；現在，我們不知道好人在哪裡？我們不能讓社會風氣頹靡下去，必須讓好人出頭，讓對社會有所貢獻，且對下一代有典範的、善良的、慈悲的、友愛的影響力等，具有君子風範的人被看見、被重視。

在我認為，金錢不可以拿去造罪業，要把它用在有功德的地方。這是信徒辛苦賺的錢，他們到佛教裡來做功德，我們做僧侶的人，有了點滴善款，為什麼不可以歸公呢？

當然，講到金錢，也不是空談理想，一味的「不要」，或主張「空無」，但事實上，徒眾們他們要穿衣、要零用、要看病，偶爾也要回家探親等等，他們還是需要一些金錢才能生活。所以，很早以前，我就規定常住每個月要發給徒眾單銀，發給大家衣單，各種日用品，讓他們不至於掛念生活上的缺乏、困難，而能安心修道。甚至於我們也鼓勵徒眾一年回家探親一次，禮品都替他準備好，他就不必去掛念。古人有謂：「倉廩足，而知禮節；衣食足，而知榮辱。」我也是讓徒眾先解決生活上的顧慮，爾後，他就能全心全力為大眾服務了。

另外，我也替佛光山人眾和佛光會的人事關係，訂定一些共同遵循的規矩。例如：我規定彼此不可以共金錢來往。因為好朋友常常都是為了金錢而有紛爭，為了金錢而有意見。又例如：在佛光山可以接受信徒的捐獻油香，但佛光會只可以收取會員固定的會費，不可以自由捐獻募款化緣。

文化事業

第一屆「星雲真善美新聞貢獻獎」頒獎典禮。前排左四至右：「專業貢獻獎」黃成、「教育貢獻獎」徐佳士、大師、吳伯雄、「典範人物獎」成舍我由二女成嘉玲及三女成露茜代領、「專業貢獻獎」南方朔。（2009年11月1日）

在佛門，我們講究因果觀念，每一個僧侶，他都懂得金錢與因果的關係，所以佛光山真正的帳簿，就掛在牆壁上，捐款芳名都可以讓人看得到，讓人了解。

人事管理真平等

這以上所說，就是我對財務管理的觀念。

再來談談我對人事安排的一些想法意見。

說到人事的管理，在佛教裡，為人所詬病的就是，有人出家已經六十

「佛光山的帳簿掛在牆壁上」，圖為佛光山如來殿功德碑牆。

年了，他稱做「法師」，如果你今天出家，明天也是有人叫你「法師」，這六十年和一日，怎麼能叫做平等呢？

它必定是平等中有差別，差別中有公道，這才是真平等。所以，凡在佛光山出家者，我們就以他們的學業、道業、事業，來分別制訂序級，而不是以年資為唯一的標準。

序級有：清淨士、學士、修士、開士、大師等五級。如果你是初入道的，就是清淨士一級；如果已完成大學學業，可以是學士一級，如果是碩士、博士畢業，具有專才，視其能量、發心，也可以升至學士二級。原則上清淨士有六級，清淨士之後，受了戒，就可以進入學士了。

學士是每兩年升一級，共有六級；接下來是修士，每四年一審，共三級；修士之後到開士，開士則五年一審，有五級。如果二十歲出家入道，經過四十五年，到六十五歲左右，五堂功課正常，對於學業、事業、道業精進，對常住、對佛教有貢獻，那麼就可以升到「大師」了。

我在佛光山被推為大師，也是經過這些歲月才慢慢成長的。在我五十八歲於佛光山傳法退位的時候，佛光山的徒眾就議論應該給我一個封號，以區別稱謂。因為我的學業、道業、事業，都合乎他們評論的標準，大家就稱我為「大師」。所以，人事的立足點是平等的，可是發展了以後，如「三鳥飛空」，又如「三獸渡河」，大家就各有不一樣的情況了。

佛光山的事業，需要什麼樣級等的人去擔任，都有一個標準，所以設立「宗務

歷居宗務委員。

委員會」，有各種人事的評鑑；至於人事的升遷，通道也很多，如宗委會、長老、各住持主管、傳燈會等，都可以幫助你。因為人事公平、公正、公開，還有什麼可以爭論的呢？大家都是在人生的馬拉松旅途上長跑，看誰有耐力、看誰有恆心、看誰有毅力，人人都有佛性，但是真正「三覺圓，萬德具」也不是人人都能到達的！

過去有人說「寧帶一團兵，不領一堂僧」，其實不盡然也。因為佛陀當初制定「六和僧團」有六個方法，即：一、身和同住：是團隊的和諧；二、口和無諍：是語言的讚歎；三、意和同悅：是心意的歡喜；四、戒和同修：是法制的平等；五、見和同解：指思想的統一；六、利和同均：是財務的平均。

為了讓「六和」更生活化，所以我又再倡導人世間的「三好」。三好是指：身要做好事，口要說好話，心要存好念。此外，我也提倡「四給」：給人信心、給人歡喜、給人希望、給人方便。尤其我倡導「五和」，即自心和悅、家庭和順、人我和敬、社會和諧、世界和平。因為我對於人事最重視的，就是大家不要對立。集體創作，集體成事，有分工，也要有合作，有合作，也要分工；人事不可以對立，有上下的程序，大家要互助、互諒、互信、互解，才能集體創作。

各安其所訂清規

在過去叢林的清規裡，凡是舉拳相打、破口相罵，就要開除；或者犯了殺、盜、淫、妄等根本大戒，就要開除遷單。但是現在的佛光山，我還沒有看到犯根本大戒，也沒有聽過誰有舉拳相打、破口相罵的情況。所以幾十年來，佛光山的人事管理，基本上是建立榮譽制度。大概每半個月，或是一段時期，就會集合一次，大家話說自己，有過自己舉發，不要別人來說，一般人也都懂得自己懺悔改過。

我回想起來，過去在大陸叢林裡，有一些沙彌犯了過，就罰他拜佛、罰跪香，但我覺得奇怪的是，拜佛、跪香是一種榮譽，是一件好事，怎麼可以拿來做為處罰的工具呢？

所以後來佛光山的沙彌們，有了過失的時候，我就「罰睡覺」，不准他們拜佛、不准誦經。因為他是有罪之人，讓他睡在床上聽著別人誦經唱誦，他的內心會波動，會感到慚愧不已，他就會自覺應該要改過。

我是提倡自覺教育的人，凡事不要人家來指責、來教訓，我們自己就先要有自覺，有了「自覺」，才能「覺他」，將來才能「覺滿」，才能與佛道相應。

佛光山也訂有自己的清規，如：

「不違期剃染、不夜宿俗家、不共財往來、不染污僧倫、不私收徒眾、不私蓄金錢、不私建道場、不私交信者、不私自募緣、不私自請託、不私置產業、不私造飲食等等。」

我們也自訂有佛光人的性格：

「佛教第一，自己第二；常住第一，自己第二；大眾第一，自己第二；事業第一，自己第二。」

佛光山與其他教界最大不同的地方，是我們建立比丘與比丘尼平等的地位，我們建立僧眾與信眾有平等的待遇，我們成立七眾共有的道場和教團。

在佛光山裡，你不知道某人的身分，你問他住在哪裡，就可以了解他的情況。他說他住在東山，就知道這是屬於男眾僧部；他說他住在西山，就知道這是女眾僧部；他說他住在大慈庵，就知道這是出家三十年以上；他說他住在慧慈樓，就知道這是出家二十年以內的；她說她住在妙慧樓，這是小姐、職員住的地方；住在師姑樓，就知道是師姑；住在三好樓，就知道是義工；住在朝山會館、麻竹園，就知道是香客信眾；住在佛光精舍，就知道是養老退休的；在育幼院，就是我們的小朋友。所以在佛光山每個人各有所用，各有所需，各安其所。

我與佛光山的人眾交流，如果是屬於行政方面的職事，我大

大師講述的《怎樣做個佛光人》。

部分都是開會講話，給予原則指導；對於行單的大眾，我常常親自到現場，看看他們，跟他們講幾句話、見個面。假如信徒送給我吃的東西，聚集到一個程度，我就分給大眾。真正實行佛陀的「利和同均」制度。

在我們佛光山，凡是做住持大和尚的人，一定要領眾熏修，清晨上殿、過堂，五堂功課跟大眾一樣不可缺少。都監院是掌管寺務，供應大眾生活所需，不能有所差錯。在僧團裡，我們和世間的人一樣，到了過年也有圍爐團聚；過年以後，感謝大家的辛苦，我也會舉行普茶（茶敘），讓大家來交流聯誼。

我在佛光山也開辦好幾處滴水坊，如傳燈樓滴水坊、香光亭滴水坊、美術館滴水坊、樟樹林滴水坊。有時候徒眾誤餐，也要

《佛光山徒眾手冊》於二〇〇六年六月出版，內容分為四大單元：宗門清規、宗史、宗風、開山大師語錄等，為佛光山清規。

讓他有個去處；有時候家人、客人來了，也讓他有接待的地方。人總有朋友、親人，你替他安排好，師兄弟之間，也可以相互交流，讓他覺得身為佛光山的子弟，有很大的空間，他就會安心辦道。

此外，有著作的人，我有出版社替他出版；寫文章的人，我有報紙、學報替他刊載。傳燈會和美術館還為徒眾的特殊才藝，舉辦「海會雲來集——佛光山僧眾才藝聯合展」，優異者，我發給他們獎金給予鼓勵。

有一項是我尤其重視的，假如你早課沒有來得及參加，我可以不跟你

佛光山滴水坊。

計較，但是不吃早餐，我是非常不能原諒的。因為吃了早餐，今天一天的工作、修道才有了開始。這一切都是人性的管理，人性的生活。

山上有寺務監院，除了寺務行政管理外，還有管食品、管用物等等。管理倉庫的人，經常要向大眾報告倉庫裡的東西，或者在每半個月出刊的《佛光通訊》通告。這當中，有一個專欄叫「倉庫在說話」，舉凡常住有什麼東西，都可以在這個專欄內告知大眾，讓有需要的人，可以到寺務監院申請。

寺務監院裡，大家的衣單襪鞋等儲備充分，臨時有一百人或兩百人要出家，都能隨時供應，因為寺務監院都有各種生活必需品儲備，有專責的人員管理，無有匱乏。

平時，常住每年發給大眾褂褲一套，每兩年長衫一件，鞋襪一年兩雙。現在物質充裕，所以大家也不感覺到缺乏的痛苦；不像過去的叢林清眾，總是窮困短缺的。現在本山的清眾，雖是初出家的人，穿起衣服來也都整整齊齊、堂堂正正的，出家眾走在人前，行住坐臥，都能威儀具足。

山上的米糧、蔬菜來源，也都與商家訂下一定的契約，每週多少米麵、菜量、油鹽，都按時供應。因為本山一切都有儲存，所以徒眾不必、也不需要用錢，不需要上街購買，真是像西方極樂世界一樣，心想事成、隨意所需、隨行所有。

儘管生活不需要徒眾掛念，但是佛光山所有的徒眾還是養成淡泊節儉的習慣，所以一件衣服，一穿就是幾年，一雙鞋襪，一穿就是多時；我也從來沒跟大家宣導要節省，因為徒眾已經做到了，何必要再加以畫蛇添足地嘮叨呢？

十方來去十方緣

一般人認為我做事，說得好聽，是很有魄力，說得不好聽，就是很膽大。實際上，我無論做什麼事情，主要是要思前顧後，要腳踏實地，要有必成的把握；凡是對人沒有害處，對大眾有利益，要能不得罪人，要能擁護大眾的，我才會決定做這件事情。

但世間不是全面的，任何好事，總難免有一部分是有異議的，有的時候，這一點就不去計較了。因為世界上總有人有不同的意見，所以說民主時代，求其多數就好了。

例如：我辦大學，很多人跟我說，這個時代少子化，不適合辦大學了；但是我覺得，教育沒有什麼時候是不適合的，只要是人，永遠都要受教育，我也就不去計較是不是時候了。

又好比辦報紙，多少的專家警告我，這時候平面媒體紛紛收場了，你怎麼又飛蛾撲火、自取滅亡？但我覺得，佛教需要一份報紙來傳播，社會需要一個健康的言論，家裡需要一份老少都能接受的報紙。這一份報紙能走進家庭，讓家裡的老少都能共同閱讀而不會感到臉紅。因此，我也就不去思考其他的得失，毅然地就去辦報了。

現在《人間福報》、人間衛視雖然是經營困難一點，但是一路到現在，也是十幾年的歷史了，也沒有差其他報社慢一時一分出刊。辦大學，也沒有說減少學生，年年只有增加。可見，做一切事情，只要大眾需要、社會需要，不是只為自己，就能生存得下去。

我個人一直主張，佛教要可以給人家吃得起，像佛陀在世的時候，有所謂「普同供養」的制度。但你也必須要有學有德，才能獲得別人的供養。假如你懶惰自私，是不會有人來跟你打交道的。

特別是我們出家人，要吃萬家的飯，不可以吃一家的飯。現在，有的佛教徒覺得自己個人有了某某人的護法供養、某某人的支持，他就心滿意足，不肯把佛法再去擴大，再去弘揚，實在很可惜。你縱然有你個人的才華，也不能給少數的人供養把你買斷，這就沒意義了。

因此，我們擁有的一切能量，都要把它用到極致，儘管自己本身笨拙，但是佛法給予我們的受用，給予我們的因緣機會，我們應該把它點亮發光，普照世界，毫不吝嗇，讓佛光普照。

人間佛教管理學

我無論做什麼事情，其實都很歡喜和人合作，但也有一些人都很畏懼我，認為我很霸道，或是怕我吃掉他們。其實沒有，到了我這種年齡，審查走過的歷史，我吃過什麼人？我擠退過什麼人？我欠過什麼人？我有愧於什麼人？大家都可以對我做一些嚴厲的批評。

一直以來，我都只是想把自己融入到眾中，讓大家皆大歡喜。如佛陀所說：「我是眾中的一個。」把自己這一粒沙石，融入澆灌的水泥中，它才能鑄造房屋，才能成為有力量的混凝土，才有堅定的力量。

所以，佛教不重視個人，重視大眾。你說一根手指頭，再怎麼樣有力量，也都不敵五根手指頭合起來的拳頭。同樣地，個人再如何有才華，也總不及三個臭皮匠，如古人所說：「愚者千慮，總有一得。」

我很喜歡「集體創作」，所謂「集體創作」，我們並不是要大家去干涉工作的目標，而是大家只講貢獻，目標應由大家共同決定，不要先存有主觀意識。

許多人認為的團結，他只想要人家來跟我們團結，沒有想到我們去和人家團結。我個人喜歡和人團結，但是有時候人家不要我們，是怕我們。這也可能是我們自己的缺失，或者是他自己的膽怯，不夠公義，不敢訴諸於大眾。

我對於山上這麼多的單位，大家做得很有精神，感到很欣慰。佛光山全球各單位，可以說數百個以上，這麼多的單位，每一個單位都有主管，每一個主管我都必須授權，讓他可以放手去發揮，不讓他感到縛手縛腳，所謂「疑人不用，用人不疑」，因為我信任他。

像曾擔任教育部部長的楊朝祥先生，他肯到我的佛光大學來做校長；前教育部政務次長林聰明先生，肯到我南華大學來做校長，高雄中山大學

大師以身作則當義工，於本栖寺搬運拜椅。

的吳欽杉教授，他也曾辭去副校長的職務，到我們美國西來大學擔任校長，我都心存感謝，充分授權。

在緊鄰佛光山的義守大學，前校長傅勝利教授，他是耶穌教徒，有感於我對教育的行事作風，在他公務之閒，經常來佛光山，問我有什麼事要他幫忙服務的，自願要做我們的義工；也曾數度到澳洲南天大學指導，貢獻意見。這許多人士，他們都是有情有義的人，不是為了利益，不是為了金錢的關係而來。

我一向是尊重人才、授權人才、利用人才，讓人才有所發展。一位年輕的比丘尼覺念法師，我把「人間衛視」通通付託給他，他一做十多年，到今日，能用極少的經費，在許多大電視台中拚搏，著實不容易。《人間福報》剛創辦的時候，許多都是我們一群沒有經驗的年輕法師，一參與到現在就是十幾年。目前，雖然已經架構成功，但也要更加發揮影響力，現在的《人間福報》日見進步，發行量也續有增加。

我和信徒是「不共金錢來往」，對佛教，我自認我也是信徒，我有錢，也是捐給常住，我沒有錢，就自己暫時不用，絕不會向信徒借錢，信徒也不會擔心我向他開口。許多信眾，他捐了錢，也不會為了要名、要求感謝，這就是無相功德。真正地說來，佛光山的信徒，像「千家寺院、百萬人士」建的佛陀紀念館，不就是奉行佛法講的「無相布施」嗎？

關於人世間，我主張無論做什麼事情都不要對立。有一次有一個徒弟問我一生有什麼所長？我就告訴他：「與人為善，從善如流。」我也敢說，我做什麼事情都是考慮別人的利益，不完全為自己的立場著想。我不跟人對立，我也善於化除對立的糾紛，因為我主張人間應該要「皆大歡喜」。所以，像現在兩岸談判，我的意思是：大家都不要有法執、我執，能夠「皆大歡喜」不是很好嗎？

另外，我也不輕易動用義工，我也不敢輕易勞動別人為我服務。我認為人與人之間，不是說一定要用金錢物品去交換往來，我想「情義」才是最重要的。

但是，光是情義也不足，因為「皇帝不差餓兵」，凡是年輕的人，或者是一些沒有事業的人，他來為常住服務，我們也必須要替他想一想，肚皮應該要吃飽，他才有力量奉獻。

我在佛光山跟徒眾相處，我主張「訂法要嚴，執法要寬」，我覺得不是處處都用權力、都用理由、都用法令，來置人於無退步之地。我總想，多留一點空間給他，很多事情不說破，反而會更有效果。

至於做事情，有的事情，我要求很快要完成，有的事情，我要慢慢做。因為急不得的事情，需要精雕細琢，如：編藏，草率不得，一做三十多年。快的事情，如打掃整理，我一夜之間就要把它完成。

在動物界中，螞蟻的團隊管理很

佛陀紀念館千家寺院百萬人士功德芳名錄。

成功，主要是牠有領袖蟻王；蜜蜂也很會管理，因為蜜蜂群裡有蜂王。因此，人類的管理，也是要有領袖，如果領袖不行的話，這一個團體就會很糟糕。

佛光山以人間佛教的信念來凝聚眾人的共識，因此，僧團的成長，是每一個人的發心，慈悲奉獻自己心力，集體創作而成。我們「非佛不作，唯法所依」，所以所有的成就，都不是任何一個人的力量能單獨完成。我們以人間佛教的信念，「給人信心、給人歡喜、給人希望、給人方便」，就是利益眾生，歡喜無悔，所以不管再怎麼辛苦都心甘情願。在我七十幾年的出家生活中，我確實受過十年嚴苛的管理人生。但是從嚴苛的管理當中，我學會了「不管而管」、「自悟自覺」教育的管理。所以我這一生，可以說，我用寬厚、平等、公平、公正、公開面對人事物，我想，那就是最好的管理學了。

《佛教管理學》，星雲大師著，二〇一九年四月出版單行本，一套五冊。

四給信條：給人信心、給人歡喜、給人希望、給人方便。

已經沒有畏懼的感覺了。

初到台灣，我第一個講話的工作是在台灣新竹青草湖。那年是一九五一年，我擔任「台灣佛教講習會」的講師兼教務主任，學生只有五十人左右，每次上台對學生講話，最初的一、兩分鐘都不自然。

這讓我想到，父母在孩子幼年的時候，如果能經常讓他在大人面前多一些表達，應該是很重要的教育。因為，小孩能頑皮一點，從小養成不畏懼和人相處或侃侃談話的習慣，性格必定落落大方，不怕講話。如果像我一樣，從小就沒有融入眾中，沒有培養跟大眾講話的習慣，「大眾威德畏」就會變成難以矯正的毛病。但慶幸的是自己並不因為有這樣的毛病就不精進、不向上發展，反而一有講話的機會，總是努力以赴。

當時每個星期天，在新竹城隍廟前都會舉行布教大會，新竹縣佛教會邀我前去弘法。因為我是佛教學院的老師，在當地屬於知識分子，我如果不去弘法，那要找誰去呢？我就當仁不讓地前往了。每次從青草湖外出弘法，都要先向派出所的警察請假，獲得他們點頭准許了，我才能到新竹。還記得路程遙遠，走路將近要兩個小時才會到，不過有這個讓我上台的機會，一定要把握。在為期一年多的布教弘法中，讓我有自我訓練的好機會。

在廟口講演，群眾來去就像潮水一樣，大家一步走來，一步又走去，每逢我講到故事，群眾就會慢慢向我集中，故事講完之後要講道理，大家又慢慢散去，一場講演約兩個小時，人慢慢聚合而來，或者人慢慢解散而去，常常都要幾個回合。我從那個地方學到一個經驗，有時要「以事顯理」，有時要「以理明事」，理事要圓融，要契理契機，思考如何將故事與佛學結合，才是一場最好的弘法講演。這也是我後來一直很用心佛經裡的故事，或人間社會生活小故事的原因。

不過，一則短短的故事也不容易講，有一些朋友也愛講故事，但是講了以後，往往其他的人不笑，只有自己在那裡哈哈大笑。要把故事講得讓人哈哈大笑，自己卻不笑，這才是講故事的本領。

善用科技開法筵

一九五三年初我到了宜蘭，宜蘭是一個鄉城，平常沒有什麼活動，當地居民忽然聽說一個外省的年輕和尚要來說法，一下子湧進兩、三百人。每次的集會中，我也體會到一個技巧，光只是講說還不夠精彩，如果有圖片會更好。於是我向日本購買許多幻燈片，再用幻燈機播放出影像，也就是一般所說的「看圖說話」，這更容易吸引信徒的喜愛，他們都認為這是在放電影。

最初十年，先講《觀世音菩薩

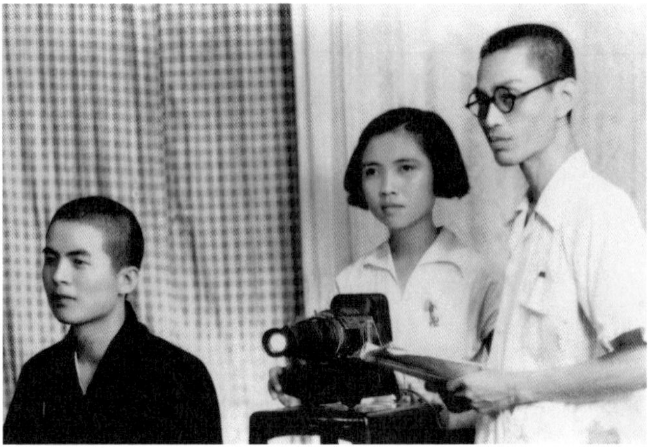

大師首創以幻燈影片弘揚佛法，開佛教現代化布教之始。圖為李決和居士、李美惠小姐。（1953年）

普門品》，然後講《彌陀經》，再講《金剛經》、《心經》，也講《大乘起信論》、《八識規矩頌》、《維摩經》，幾乎沒有外出到其他縣市講說。可以說，我在宜蘭講了十年，台北都沒有人知道。

宜蘭人很保守，沒有人評論過我會講不會講、喜歡聽或不喜歡聽，也都沒有人對我表示過好或不好。其實，講演也是需要聽眾的回響的。講者講過了以後，有人一起討論講說的內容，這對講者來說是一種鼓勵，也是很有幫助。不過，我在宜蘭，也很習慣接受信徒們這種平平淡淡的應對，我講我的，你聽你的，講聽之後，完全沒事。

十年後，我轉移到台北講演。那時候，新公園有個台北藝術館，我也做過講演，現在這個地方已經撤除了。後來，我再到中山堂光復廳講說，那是過去國民大會開會的地方。我在中山堂講過之後，一下子在台北很受大家的重視及讚許。可是，在台北以外，依然沒有人知道我星雲會講經說法。再後來，又到台北國父紀念館講演，每年講三天，連續講了三十年沒有間斷。當時每次講演都像過年一樣，人不但多而且很熱鬧，大家聽聞佛法聽得很歡喜。

雄佛教堂恭請星雲大法師宣講妙法蓮華經普門品圓滿時留影 44.5

高雄佛教堂恭請大師宣講《妙法蓮華經普門品》。（1955年5月8日）

後來，我到南部高雄講經說法，高雄人比較熱情，講過了之後，又一直要我再到別處去講，我講過的場所不斷地擴展，不過也和我在台北一樣，我在台北講，只有台北人知道，在高雄講，只有高雄人知道。

後來到香港講演，情況就有不同了。我在香港弘講的地方很多，來的人也多，尤其在紅磡香港體育館，大概每次都有兩、三萬人來聽講，不但聽眾多，今天講完，明天全世界都知道了！

原來很多香港人的親朋好友，都散布在全世界各地做生意，我講演的時間從晚上七點講到九點，解散後，聽眾們回到家大約是十、十一點，那正是他們的親朋好友在歐美的早晨，他們就互通電話，討論講演的內容。所以，我在國際上的知名度一下子提高了。

一般人說「一夜成名」，我是真有這種感覺。我在紅磡香港體育館，也是一年講三天，連續二十年沒有間斷過。

回憶起來，我在香港講演的擴散力確實很強大。例如一九九二年，澳洲南天寺要動土，我去主持奠基典禮。當時我們在澳洲沒有信徒，也沒有朋友，只是有這個熱心，因為政府提供土地給我們建寺，有這樣的好因好緣，就欣然前往了。

南天寺位於澳洲東南岸的臥龍崗市（Wollongong），大家已經準備好幾百個便當，供應前來參加奠基典禮的信徒。原本估計人數最多是三百人而已，但是後來我想了想，萬一人來多了怎麼辦呢？我就說服大家，至少應該準備一千份，但是大家總認為我的估計是錯誤的，一定會失算。

回到我們住的地方之後，我前思後想，萬一來參加的人真的有一千人以上怎麼辦？我們寧可多做一點，吃不了不要緊，如果不夠吃，在那個荒山郊外，信徒們去哪裡吃飯呢？也有人提議，可以臨時去買麵包，但是給人麵包不如給便當吃。所以我和徒眾們一夜沒睡覺，又多包了五百個便當。

第二天，典禮正式開始，來的人數居然在五千人以上，只好臨時炒麵，連泡麵都拿出來炒。怎麼忽然有這麼多的人來參加呢？我聽到許多信徒在路上聊天，雖然他們都講廣東話，但是我多少能聽懂一點，意思大概是打電話給他的媳婦、兒子、親朋好友，說星雲大師在這裡建寺院，叫他們要來參加。這次在臥龍崗的奠基典禮，讓我深刻領教了香港人的擴散力。

大師在紅磡香港體育館佛學講座，講題「人間佛教的『戒』『定』『慧』學」。（2006年12月7日－11日）

勇氣機智加鼓勵

說到聽眾的反應，台灣的聽眾，在我接引的信眾裡算是最沒有反應的。我在台灣，從鄉村講到都市，從寺院講到學校，從監獄講到工廠，從民間講到官府，講得好與不好，幾乎都沒有得到過反應。一場講演等於水泡，講完，水泡就消失了，一切歸於平靜。

我曾在台灣的三個電視台遊走，從中華電視台到台灣電視公司；從中國電視台再到其他的電視台，錄製過數千集的節目。所有的藝人，恐怕都沒有像我這樣的經歷，三十多年來，在電視台講說不停。我一樣也沒有得到過反應，講得好或不好？我還是不知道。

不過，宜蘭弘法隊的隊員倒是曾經給過我一些鼓勵。記得我在農村廟口廣場講演過後，大概都已經晚上了。要回寺時，農村的民眾總是鼓掌歡送。我們踏著月光，幾十個弘法隊的隊員騎著單車，一路就在朦朦的月光下唱著歌回程，回到道場都已經十一、二點了，但是所有的人都不想解散，興奮地在那裡講說今天弘法的成果。

我在〈弘法者之歌〉裡寫著「銀河掛高空，明月照心靈，四野蟲唧唧，眾生心朦朧」，描述的就是當時的情景。農村的聽眾有沒有受到影響？我不知道，但是弘法隊的隊員一個個地受到感動，甚至發願參與終生弘法的工作，為佛教努力。外出度眾有沒有得到效果先不談，「自度」，倒是真有效果了。

其實在幾十年前，我們在台灣的弘法也不全是那麼順利，有好多場次，幾乎都和警察捉迷藏。記得有一次，我們在龍潭的一個鄉村神廟前舉

大師早年在宜蘭出門弘法，都是成群結隊的一、兩百人，有時坐火車，有時騎腳踏車，都是法喜充滿地來去，尤其是騎腳踏車的場面很壯觀，回程時，幾乎是伴著歌聲一路回宜蘭。

辦弘法大會，當時有一、兩千位聽眾，我才開始講說不久，就有警察人員走到講演台旁，用低沉的聲音喝斥我，強勢地要我下台，命令我解散。不過我一下來，也很不客氣地對警察說，我們講的都是淨化社會人心的道理，不是違法集眾，那場講演到最後當然是自然解散，沒有出任何問題。

還有一次到花蓮講演，沒有事前宣傳，也沒有廣告，我到的那天下午才開始敲鑼示眾。記得有一個人打著鑼，「鏜！鏜！鏜！……」好幾聲，然後就說：「各位父老兄弟姊妹，今天下午七點，在某寺廟的廣場，星雲法師要講說佛法，歡迎大家參加。」接著又「鏜！鏜！鏜！……」就這樣重複地說。不久，警察找到我們的團體，喝斥我們，說要找主事的人。

一些年輕的弘法隊員都嚇得手足無措，只有我向前走去，我說：「我們是從台北來弘法的，為什麼台北可以，花蓮卻不行呢？」警察拿我沒有辦法，也只好勉強答應我們在這裡弘法，只要負責好安全及交通。這當然沒有問題，我們一定負責到底。於是我謝謝警察後，就回去講演了。

當時在外面演講，經常要經過這樣的波折，實在說，在那個威權時代，確實要有一點勇氣，才能在台灣散播佛法的種子。

我到底是如何從一個講話會發抖的人，變成可以向大眾演講的人呢？其實有幾個例子可以跟大家做個說明。

我這個人胸無城府，常常想到要講的主題，都會事先告訴同伴、同寮的法師。可是到了當天，那個主題往往被人搶在前面講，就把我的題材講完了。所以我很著急，心想：「糟糕！今天要講的話都給人講完了，怎麼辦？」我只好急中生智，再重新思考另外一個講題。

所以到了後來，信徒經常提出一些問題來問我，我大部分都可以立刻給他回答，絕不會拖泥帶水，為什麼？因為我已經訓練自己的頭腦，能馬上應變，在時間緊急的時候，也能將所學的、所經過的事情，以最急迫的時間浮現在自己的腦海中。

關於這樣的事情，煮雲法師是我很好的兄弟朋友，對我最為佩服。不論在哪裡講演，人家出個什麼題目，他總是說我星雲某人「不成問題」；但是，這個「不成問題」，可是經過多少艱難的考驗下，慢慢才真的「不成問題」了。

更有些時候，常有團體找我講話，只給我五分鐘、三分鐘，那是最難回答的。因為時間那麼短暫，能講出什麼呢？我也不斷地磨鍊自己，雖然只是三分鐘，我總要給人一些金玉良言，所以不管時間長短，我都會欣然應許。

尤其經常也有人問我：「請您給我一句話吧！」突然要說一句話，該從何說起呢？這一句話實在比一場演講還要困難。因為一句話就要讓人可以一生受用，所以我常常在緊急之下，馬上要了解對方是什麼身分、什麼程度，再送他一句話結緣。

後來我自己也得知，原來每一句話都可以做為「一句話」的座右銘，但要觀機逗教，否則不能盡如人意。例如：「做己貴人」、「享有就好」、「肯定自己」、「不忘初心」、「忍耐最好」、「我是佛」等等，我也會引用像「相信因果」、「明因識果」、「惜緣惜福」等，來做為開示的結緣。

還有一些突發狀況，也訓練我在短時間內就能打好腹稿。五十多年前，初到宜蘭，訪客特別多，寫文章、編輯等的事務也很多，有時候一天忙下來，不知不覺就到了晚上。忽然要我上台講演，真不知該如何是好？

一般的老師在上課前，都要做一些準備功課，但是我都沒有辦法準備，到台上去能講些什麼呢？也經常會有腦海裡一片空白的時候。這就訓練我，也逼迫我必須要有急智，要能應付突發事件。

後來就算是忙到晚上，忽然要講演了，只要自己在椅子上靜坐五分鐘，或者去拜佛十二拜，隨後再到台上，就會自覺很有力量、很有內容。所以佛法裡常說「佛菩薩加持」，大概就是這種力量吧！

分點列述成效佳

我也研究了很多方法來學會講演，例如，用「四分法」最為妥當。什麼是「四分法」呢？如果只是漫談，聽眾會記不清楚你講過了些什麼，所以最好把大綱第一、第二、第三、第四，都列點下來，讓聽者至少都能記住綱目，了解我說的大意。

我也學會了逆向思考。因為講演不能老是像老生常談，就像「勸世文」

一樣，老是要人家忠孝仁愛、信義和平、三皈五戒、四聖諦、十二因緣，這樣終究不能交代得過去。我覺得可以改為逆向思考，在講說的內容裡加進一些不同的看法，比方：「你對我錯」、「你大我小」、「你有我無」、「你樂我苦」。

這許多的問題，看起來都很簡單，但都不是一般人想得到的道理。因為一般人只知道「我大你小」、「我對你錯」、「我有你無」、「我樂你苦」。但是將這個思考反過來想，你再說出一個道理，就可以收到很大的效果。好比我經常引用一個故事：

一個張姓人家經常家庭不和，就問李姓人家：「你們家都一團和氣，為什麼我們家經常吵鬧不休？」李家人就說：「因為你們家都是好人，我們家都是壞人。大家都是好人，就容易吵架；而我們家都承認是自己的錯誤，都是壞人，那就不容易吵架了。」這個話究竟是什麼意思？

我接著舉例說：好比李家的茶杯打壞了，一個人就趕快說：「對不起，是我錯了，是我把茶杯打壞了。」另一人會說：「是我放在那裡的，都怪我不好！」大家都承認錯誤，當然就吵不起來了。

張家的人不是這樣，茶杯打壞了，打壞的人就先大叫：「誰把茶杯放在這裡？」打壞的人沒錯，都是放的人錯。放茶杯的人也不服氣，就說：「是我把茶杯放在那裡，誰叫你把它打壞呢？」所以張家就經常吵鬧不休。

這樣的故事往往能收到很好的效果，目的是教導大家，認錯是美德，認錯是勇氣，只要學會「你對我錯」，反而能解決問題，不傷和氣。類似這種人間生活的譬喻，讓我深深感覺到佛教對生活的重要，很適用於佛教的人間化，於是心中慢慢思考、盪漾、成形，後來索性對太虛大師的人間佛教打起了招牌，徹底地宣揚了。

巧用譬喻能契機

除了在時間緊迫下養成快速打腹稿的方法之外，在諸多講演經驗之下，我也找出一些講演的技巧。

例如講演時，我一向不喜歡講說陳腔濫調，我認為應該做到「語不驚人誓不休」，所以常用故事來表達佛法深奧的道理。可以講的故事很多，如：哭婆與笑婆、二鬼諍屍、師徒大小、石頭的價錢值多少？甚至「三八二十三」，這許多話題，往往都能贏得廣大群眾的歡喜。

還有，演講不但要說故事，還要有些新意。假設一場講演，台下坐了幾百人、幾千人，如果台上的人只是個人耍嘴皮子，內容也會顯得單調乏味，這樣說、那樣說，也不一定都能合乎大家的胃口，所以可以將音樂和舞蹈串聯起來，和講演合在一起，提高大家的注意力。好比我在國父紀念館講演之前，都有十五或二十分鐘的表演，如敦煌舞、古典舞、佛教音樂、梵唄讚頌等，這些表演都能收到很好的效果，這也是弘法者應該注意的問題。

說法要注意的重點很多，不過最重要的是要契理契機，所謂「上契諸佛之理，下契眾生之機」，這才是佛法。我在一九五二年，對《普門品》，即所謂的《觀音經》曾有過一些研究，其中最重要的地方，就是告訴我們觀音菩薩三十三應化身、十九種說法，真的是妙趣無窮。因此我每次講說的時候，總會

大師於台北國父紀念館舉行「我一生弘法的心路歷程」唱頌講座，將傳統講經與梵唄、佛教歌曲演唱，做一結合發揚，一連三天超過兩萬人聽講。（2002年11月1日－3日）

想到對方是什麼人，應該跟他們講說些什麼道理。

好比曾有一群大陸的麻醉師來訪，要我為他們說法，我就跟他們講麻醉醫師的貢獻。假如今天來的是師範學校老師的聚會，我就改講佛教的教育，這就是所謂「應以何身得度者，即現何身而為說法」。

很多地方為什麼會請我去演講？其實也是因緣所成。像我的徒眾們，知道我常常在各處講說，所以哪裡有需要演講，都會告訴我說：「師父您去！那裡有工廠，工人需要佛法；師父您去，那是一個官府，官員難得請出家人說法；師父您去……」到處都是這裡很重要，那裡也很重要，所以我自己就體會出「你重要，他重要，我不重要」，我都可以因應大家的重要。

將此身心奉塵剎

其實我很平凡，我是一個沒有進過學校讀過書的平凡僧侶，哪裡有什麼東西可以向人登壇講說？只是我自信我肯廣結善緣。我有很多的朋友、信徒，都是承蒙他們跟我來往了以後，知道我的信用，知道我永不退票，知道我的誠懇，所以都很喜歡邀請我，鼓勵我，要我到處講演。

尤其在台北國父紀念館講說三十年從未間斷，在紅磡香港體育館也是講說了二十年從未間斷，甚至我經常舉辦巡迴講演，在歐洲、亞洲、美國都有過巡迴講演。我也應馬來西亞馬華公會的決議，由六位部長聯合邀請我，要我前去提高華人的地位，提升華人的團結，因此我在馬來西亞也有過多次巡迴講演，每場都有一、兩萬人，我也感覺到這對於馬來西亞華人的團結，確實是有些許的貢獻。

例如一九九六年，我在馬來西亞莎亞南體育館，曾經創下八萬人集會聽講演的紀錄；時隔十六年後，二〇一二年十一月，我們又再次舉辦一場同是八萬人集會的講演。這可以說是我在馬來西亞結緣講說幾十年來，再一次掀起聽法的旋風，承蒙當地信徒護法們及媒體界對我的厚愛。

我一生在世界各地演講，不只講了百千個場次以上，不過，我都沒有收過任何的講演費或鐘點費。講演了以後，我還要感謝請我講演的人。有一次，台

大師於馬來西亞莎亞南體育場舉辦之八萬人弘法大會，當中有兩千多名青年對八萬名聽眾大聲唱著〈佛教靠我〉，讓人感受到佛教未來的希望。（2012年11月）

北有一個工廠找我講演，後來他們要供養我兩萬塊錢，我沒有辦法拒絕，我心想，他們有賺錢，就承蒙好意收下吧！我接受了以後，還可以布施給需要的人。

另外，數年前，有幾次在美國西來大學以遠距教學的方式講《六祖壇經》、《心經》等，五天課程，每人酌收美金三百元，不過，講完也就捐給主辦單位了。

我在台灣省政府訓練團做過多年的講師，也沒有收過鐘點費，不過有汽油費，但汽油費都沒有直接跟我算過，我都是請司機簽個字，再捐回給

大師於美國西來大學講說《心經》，吸引近六百人踴躍聽講，並以遠距教學科技，現場播放至全世界三十多個定點，逾千人現場同步聆聽大師演講，右為英文翻譯妙光法師。（2006年11月13日－17日）

他們做為買書的費用或補貼其他。

多年來，我到各處講經說法，有許多的供養我也沒有收過。每次在台北普門寺講演過後，總有信徒要給我紅包，曾經有一位信徒要給我紅包，給了幾年，都沒有辦法交到我手裡。因為我在台上講完，下台後，就直接從後電梯走了。從今天到明天、從明年到後年，信徒的紅包在皮包裡都磨爛了，還交不到我的手中。尤其近年來，我對信徒的紅包更是感到於心不忍，我應「將此身心奉塵剎，是則名為報佛恩」，如果貪圖信徒的紅包，還能算一個慈悲的法師嗎？所以我對此盡量不用、不買、不據有，這也自是有一番體會了。

回顧這一生數十年的歲月，可以說，我講過多少的鄉村、講過多少的寺院，甚至全台灣的監獄，幾乎每一所都去講說過佛法，也到各個大學、中學去講，再講到國際上的大學，如哈佛、耶魯、康乃爾大學；大陸的北京、復旦、交通、南京等大學，我也去做過講演。

看起來好像我很神氣，甚至應該感到驕傲，各處的大學都紛紛請我講演；其實不是的，反而我常常感覺慚愧，我哪裡有什麼東西能在大學講？這都是佛法的因緣。因為他們沒有聽過佛法，而我在佛教幾十年來的醞釀、溫習，總知道一點人生的佛法，生活的佛法，在煩惱苦悶的時候，知道該如何用佛法來鼓勵自己。因此，能獲得大家的會心一笑，或擇其善者而從之，又或者是我個人的野人獻曝，只希望對大家有利益、有貢獻。

我一生做人，自覺有一些慈悲、忍耐，也講信用、承諾，也講究發心、勤勞，尤其守時、慈悲喜捨等這許多性格。我演講過後，也嚴格地要求自己，既然講說給人聽，自己也必須要能做到。我也覺得個人沒有什麼專長或藝能，但是我從講演中不斷自我學習、自我訓練、自我成長，可以說收穫甚多。

大師應北京大學校長周其鳳之邀，於辦公樓大禮堂以「禪文化與人生」為題講演，北京大學並頒聘「名譽教授」予大師。周校長說，那是俄國總理普京、美國總統柯林頓，甚至是南非總統曼德拉，受邀到訪講座的地點，大師笑稱：「這讓我感到有點壓力，還好我有一點禪的功夫。」（2011年4月2日）

六

一筆字的奇事
——如何自學書法

招貼法語初登場

每當早上天空還濛濛亮的時候，我就起身，開下電燈，開啟了每日早晨的功課——「一筆字」書法。舉凡「正命」、「無盡藏」、「行走山河」、「仁慈天下」的字句，我規定自己每天至少要寫上五十張。可惜，因為我的眼睛看不到字，只有憑靠感覺，對準了中線，便一筆到底地把宣紙上要寫的字句一次寫完；否則，中途停頓，也就不知道如何銜接上下筆畫了。因為每天固定書寫，好或不好也都不計，我就姑且將它定名為「一筆字」。

我自知一生有許多的缺點，例如：五音不全、不喜積聚等。尤其從小沒

寫一筆字是大師每日的功課。

有練字的習慣，所以凡是教書時黑板上的粉筆字、筆記上的鋼筆字，都顯得軟弱無力。但環境能造就一個人的轉變，一九五三年初，當我駐錫宜蘭雷音寺這間簡陋的小廟時，每年都要做一次佛七法會，因為沒有錢粉刷道場，只得買些紅、黃、綠等顏色的招貼紙，寫一些勉勵大家念佛修行的法語來張貼，也算是一回的布置了。

每年一次的「佛七」，至少都要寫個八十張左右的標語，光是構思文句就要花去一、兩天的時間。只是，每寫好一張，自己看了都覺得還不能見人。可是光復初期的台灣，又沒有什麼書法大家，也不認識什麼能人之士，不得已，字雖不好，總比什麼都沒有要好，也就勉強地再寫下去了。等到第二年，招貼紙褪色了，再換新重寫。就這樣，一年又過一年，我連續寫了二十六年，未曾中斷。

說實在，一年才寫一次，自覺在字體的美感上，實在沒有什麼進步。可是偶爾有些年輕的弟子，又會對我說：「師父，您寫兩個字給我好嗎？」因為是徒弟，不會說我寫得不好，都是說我「字寫得進步了」、「很好看」之類讚美的話，那麼，我也就自覺得意，而樂於廣結善緣了。

只是，往往下筆之後，看了看，還是覺得寫得不好。不過，一方面我心裡也想，那是你跟我要的，又不是我強迫你接受的，也就不再感到愧疚了。

寫出一所大學來

記不清詳細的時日，在一九九〇年代的某一天，偶然的因緣之下，我前往台北慈容法師主持的普門寺。那時，他們正在隔壁的佛殿裡舉行梁皇法會，禮拜《梁皇寶懺》，我在佛殿後方的辦公室裡等待。因為大家都去拜懺了，辦公桌沒有人使用，不曉得是哪一位弟子的桌上擺有筆墨，我就在那裡坐了下來，信手拈來，便書寫了幾個大字。

就在收筆的那一刻，忽然間，一位年老的婦女走進來，一面悄悄地遞給我一個厚厚的紅包，一面還叮囑說：「師父，這是給您的，您可不要給佛光山喔！」我一向不喜愛收紅包，但是在這時候，強硬地拉扯也不好看。所以，我就順手寫了四個字送給她。可憐地，那個時候，連一張宣紙都沒有，只是用了一張薄薄的油印紙，也算是「秀才人情紙一張」，聊表心意了。

但是過了一會兒，她又從佛堂裡回來，開心地對我說：「師父，大家都想要您寫一張字送他們，並且都已預備好十萬塊錢，要來向您索字了。」我一聽，很納悶地說：「我又不是賣字的！」

原來，這一位老太太拿了我的字之後，就到佛堂裡去炫耀說：「這是大師給我的字！」大家一聽，紛紛說：「我也要、我也要！」於是，老太太就對他們說：「這可是十萬塊錢供養才有的呢。」前來拜《梁皇懺》的數百人，家庭經濟都有相當基礎，十萬元還嚇不著他們，各個也就都說：「我們也有十萬塊錢！」

那時候，我忽然想到美國西來大學正在籌款建校，能有這十萬元的幫助，也是很重要。因此，就義不容辭地和大家結緣了。一天下來，我竟然寫了四百多張字。當然，我寫字不是朝「錢」看的，只是想給人歡喜罷了。不過，既然大家有心，我也就做了交代：「假如因為我的字，而能有善款，那麼就全部匯給西來大學做為建校基金吧。」

沒想到，消息一傳開，第二天，另外一班來拜《梁皇懺》的數百位信徒，又開始了一片索字的熱潮。他們聽到昨天熱烈索字的情況，也都說：「我們要大師寫的字！」這回，我又被逼上梁山了，只有苦苦地在那張桌子上又寫了一天。一整天下來，也是寫了幾百張。真可以說，當初西來大學的創辦，並沒有對外化緣，都是參與拜《梁皇懺》的信徒們為了與大家一樣，想要得到這麼一張紙，進而成就的。

由於這樣的因緣，我心裡就想，寫個字也能有這麼大的好處，還寫出一間大學來，看起來，今後真有人要字的話，我就跟

大師為興建西來及佛光大學而寫字義賣。

他結緣好了。

順道一提，我沒有什麼私人的生活空間，既沒有書房，也沒有辦公的地方，尤其連一張辦公桌都沒有。當初建設佛光山的時候，所有的建築都不是建築師完成的，就只是我和一位初中畢業，不會畫建築設計圖，也不會計算三角幾何的木工蕭頂順先生，在沒有辦公桌、沒有電話、沒有圓規、工具的情況下，以一根樹枝在泥地上談論建築規劃，由我一面告訴他要多大、多小，要這樣、那樣，口耳傳述建築而成的。不過，也幸虧那時候山坡地開發，不需要建築執照，才能成就今日的佛光山。

比較於一般人寫字要有一張像樣的桌子、紙張要平整的條件，才能寫出好字，現在的我，也只有在一張會議桌上揮灑大字。幾十年前，大木設計公司的負責人彭伯平先生，送了我一張人家丟棄不要的會議桌，長近五公尺，寬不到兩公尺，平時除了寫字以外，我還把它做為訪客談話、日常飯食之用。例如，我接待過的李登輝、陳水扁總統，及陳履安、郝柏村、吳伯雄、宋楚瑜、吳敦義先生等，他們都曾在這張會議桌上，品嘗過我請他們喝的茶、吃的飯。

大師的這張會議桌，除了用於寫字，也在此課徒、談話、飯食、接待。
（2010年4月15日）

再說寫字的時候，我的身旁總是圍繞著很多的徒眾，這個要一張字、那個要一張字，我總也要平等、普遍地結緣，讓大家都能皆大歡喜。不過，雖然寫字的時候，觀眾很多，大家七嘴八舌，可惜因為是弟子，他們都不敢批評我的字，大部分都是說：「師父的字進步了」、「師父的字寫得好」，只有偶爾聽到人說：「太瘦了！」尤其蕭碧霞師姑，她還跟我開玩笑說：「你不要老是寫得像趙飛燕的字，應該寫一些像楊貴妃的字。」這個意思就是要我把字寫胖一點，我也就只有仔細揣摩、改進了。

雖然我已經年老，眼睛視力近於零，但是還好有過去那麼一點寫字的基礎，所以現在提筆再寫，一筆到底，也都能心想事成，大家仍然是說：「很好、很好！」那麼我也就不遑多讓，持續地寫下去了。

一筆墨跡覺有情

我七十歲的時候，右手開始出現顫抖的情況，已經不能再寫字，所以著作《往事百語》的內容，都是由我口述，弟子滿果幫我記錄的。尤其二〇〇〇年，我創辦《人間福報》的時候，除了右手顫抖，眼睛也因為糖尿病的關係，視力變得模糊，所以在報上發表的「迷悟之間」、「人間萬事」專欄，也都是由滿義為我做口述記錄的。

只是，文字的記錄，不是人人能做，沒有滿果、滿義的時候，我無所事事，也就只好利用時間寫字。橫豎「一筆字」寫得好與不好，也都不計較，就自在地揮灑了。

但是就在這個時候，柴松林教授跟我說，徐州的茱萸寺要我題寫匾額；郝柏村先生要我為鹽城淨土寺題書……他們都說我字寫得好。消息傳開了以後，現在不少的寺廟道場，也都要我替他們題書匾額。

實在慚愧，我自覺我的字體還沒有成型。但是，佛陀紀念館在建築中，弟子如常對我說，那裡需要很多的佛法偈語，貼在牆上以增莊嚴。我不敢承當，就邀請了李奇茂先生幫我找了一些書法家來書寫，可是弟子們卻認為，不一定全都由書法家寫，而慫恿我說：「師父，您來寫吧！」我也就隨喜地寫了二十二幅古德偈語。最後，他們還不由我分說地就把它們刻石在牆面上。沒想到，見者都還首肯，因此，也就更增加了我的信心。這回我也就想，我是真的可以寫字了，我的字可以見人了！

其實，在這之前，二〇〇七年，我就應邀舉辦「覺有情」書法展。那時，很榮幸地，能與趙樸初長者的遺墨同時在無錫展出。記得於趙樸老的書法展覽會上，我還講話：「你們要我的字和趙樸老的字

位於佛陀紀念館南廁風雨長廊上之古德偈語「天上天下無如佛 十方世界亦無比 世間所有我盡見 一切無有如佛者」，由大師所書。

在一起展出，趙樸老的字是中國一流的，我哪能和他比？實為慚愧，你們要看我的字，真是不敢見人的。不過，希望你們要看我的心，我自覺我還有一點慈悲，還有一點隨喜的好心。」

幾年後，在我一筆字寫開來後，儘管我早已是風燭殘年的老人，手抖厲害、幾近眼瞎，只是以模糊的影像書寫大字，排遣歲月，但是各方的徒眾，卻都把我當做出產書法字的寶山，稱我的字為「墨寶」。我一再不准許他們如此稱呼，要大家改口說是「一筆字」，我才肯為他們再寫。為了獲得我的字，大家也都很知趣地不再高抬字的價值了。

承蒙信徒大眾的抬愛，繼二、三十年前，寫字寫出一所西來大學之後，近年來，歐洲多所寺廟，如：佛光山在瑞士日內瓦的國際會議中心、法國法華禪寺等，也都是靠我寫字興建起來的。

徒弟們也真是可愛，居然有人顧不得我的字能否登大雅之堂，就拿到各國去展出了。尤其弟子如常是藝術研究所的高材生，在他畢業後，一次又一次地把我寫的字紙積聚起來，陸陸續續在台灣、香港、澳洲、紐西蘭、美國、日本等國家地區及馬來西亞國家美術館、美國柏克萊大學、湖南省博物館、重慶三峽博物館、南京博物院、揚州雙博館、北京中國美術館展覽。

在這許多地方展出的時候，他也都要我前去觀賞，但是實在說，我只有看到空間的布置之美，就算是偶爾走到字的前面，我也都匆匆而過，不敢駐足觀覽。

有一次特別的展出經驗，倒是值得一提。二〇〇九年，非洲甘比亞駐維也納聯合國大使蘇哈博士（Dr. Gyorgy Suha）主動提出，邀請我到聯合國展出「一筆字」書法。據聞，這是歷史上第一次有出家人的作品在聯合國展出，但是由於旅途遙遠，實非我老邁之身所能負荷，也就不克前往。不過，我還是特別錄製了一段簡短的談話，讓大家知道展出的因緣和字句的意義。後來，聽說有來自一百五十多個國家的代表前往捧場，真是叫我大感意外。

目前佛光山又在澳洲興辦南天大學，這回大家也想效法西來大學的模式，所以紛紛要我寫字。所幸地，感謝旅居澳洲雪梨的信徒們不嫌棄，隨喜成就，我的「一筆字」才能像成就西來大學一樣，再度成就了南天大學的創辦。

大師出席大陸無錫舉辦的「紀念趙樸初誕辰一百週年遺墨展暨星雲大師覺有情墨寶展」。（2007年10月26日）

「覺有情——星雲大師墨跡世界巡迴展」首展於二〇〇五年四月九日在馬來西亞國家畫廊舉行。（自2005至2018年，共166場，超過25個國家地區，逾550萬人參觀大師的書法展）

不過，給我鼓勵最大的還是在中國大陸宜興，負責佛光祖庭大覺寺建設工程的妙士法師，他經常打電話回來給我，說：「師父，您的這一幅字，我送給哪一位企業家，他捐了一百萬人民幣；您的那一幅字，我送給了一間茶莊，他們捐了一百二十萬元；有一家百貨公司要想出兩百萬元，拜託您替他們寫四個字……。」關於字的價碼，姑且不去談它，不過，「一筆字」給妙士帶來的鼓勵，確實讓他很興高采烈地埋首在那裡建設祖庭。我想，這也是佛祖加被吧！

勤寫法語做公益

二〇〇八年，中國大陸舉辦奧運會，我受邀前去北京觀賞開幕式，回程轉往美國弘法。在西來寺停留期間，有一天，比較空閒的時候，我就問一位徒眾：「你知道我有多少錢嗎？」他回答我說：「師父，您有三千多萬台幣。」

我一聽，嚇了一跳，我一生自許不要錢、不積聚，所有的錢都捐給佛光山，或者給各個別分院建寺，怎麼在西來寺還存有三千多萬的台幣？這是非常嚴重的事情。一想到我現在老了，萬一有個長短，外界最關心的，一定是「星雲大師有多少錢？」擁有三千多萬元，那也實在太多了。

所以，我就和幾位弟子商量，要將這許多錢送給常住。可是弟子卻說：「師父，您捐給常住的已經夠多了，何況常住現在也漸漸地能夠自立，不必要用到您的錢了，您還是做您想要做的事吧！」我說：「那就捐給大學吧！」他又說：「現在大學已經在辦理中，您這兩個錢捐給大學，也算不了一回什麼幫助，為了發揮捐款的長久意義，最好成立一個公益信託基金。」我一聽，正中下懷，就說：「好！我們就以這三千萬元做基礎，把它存到銀行，成立公益信託教育基金吧！」

這其中，我都沒有過問，也沒有對外宣傳，但是不到一年，就聽說帳戶裡已經有四千萬的台幣了。我很訝異，錢是從哪裡來的呢？徒眾告訴我說：「有人為了響應您的公益基金，把錢都送到銀行去了。例如，賴義明先生捐了一百萬元，辜懷箴女士也捐了三十萬元等等，各路捐款積聚起來，現在也就有四千萬元了。」

我一聽，覺得這是很好的現象，可見得台灣人經常參與救苦、救難、救災，已經養成了行善的習慣，對於做公益，也就都很熱心。

之後，我也心想好好地籌措公益基金，幫助或獎勵更多的人。但是我沒有別的能量，又怎麼能增加公益基金的收入呢？於是徒眾鼓勵我以寫字來增加善款。出乎意料之外地，有很多信徒要以二十萬元來購買一張我的「一筆字」。其實，很慚愧，那樣薄薄的一張紙，就算是人家喜愛，買個五千元也差不多了，哪裡能值二十萬元？但是善心人士往往不計較這許多，就這樣，台北兩百人、台中一百人、高雄一百人，以及各個地區所有人等的善心，一下子就讓公益基金增加到四億元左右了。

後來，又承蒙香港企業家胡楊新慧女士，聯合了澳門企業界，舉辦了一場「一筆字慈善拍賣會」，將所得全數捐做公益基金，也就使得善款更上一層樓了。

所謂「公益信託基金」，在錢存到銀行之後，任何人都不能隨便動用，必須合乎公共利益的宗旨，才能由銀行撥付款項。我覺得這個方式很公正、公平，金錢不會為私人所操縱。所以，後來我就請弟子協助我成立「真善美新聞傳播獎」、「全球華文文學獎」、「三好實踐校園獎」、「教育獎」等，每年固定從基金中撥出款項獎勵得獎人。我們並且禮請天下文化的創辦人高希均教授、台灣文學館的李瑞騰館長、佛光大學的楊朝祥校長，分別擔任四個獎項的評議委員會主任委員。

所謂「助人為快樂之本」，看到得獎人歷盡千辛萬苦，最後能獲得獎勵，乃至於一些藝文團體可以得到資助，繼續完成理想，我也感到很歡

「第一屆三好校園實踐學校」於佛光山佛陀紀念館大覺堂舉行頒獎典禮。（2012年6月26日）

喜。總覺得，自己這一生，接受別人給予的鼓勵和支持，實在太多了，現在能給別人一些快樂，給別人一些希望，也就盡心力而為之。

見證一筆字奇蹟

人世間有許多奇妙的事情，關於我的字，也傳說了很多的神奇事蹟。有徒眾告訴我，信徒林素芳居士家裡有小偷闖入，什麼東西都沒有動，就只有偷走我寫的一張字。聽她這麼說，我還真願意再寫十張來送她呢。

也有人說，某一戶人家失火，什麼東

公益信託星雲大師教育基金於佛陀紀念館大覺堂，舉行首屆星雲教育獎頒獎典禮。由當時的副總統吳敦義、教育部長蔣偉寧及次長林聰明頒獎，尚有五位前任教育部長共同參與，如楊朝祥、吳清基、鄭瑞城、黃榮村，及前台灣省教育廳廳長陳英豪等，為難得的歷史鏡頭。（2012年12月29日）

西都燒去了，只有貼在牆壁上的這一張紙沒有燒去。乃至於為我裱字的黃太太，家中堆疊著我的字，在一次嚴重的水患，左鄰右舍飽受淹水之害，正在擔心這些字會受潮，竟然只有她家裡得以倖免水難，她也就一再說是因為我的字而得救的。

另外，有一次北京企業家李小剛先生來山參訪，正逢佛光緣美術館展出我的「一筆字」，忽然間，他看見一幅「有您真好」的字，內心非常激動。原來，打從他出生後，開口對父親說的第一句話就是「好」，為了表達對父親的養育之恩，他也就一再想要買下這幅字。只是，同時間，另一個人也因為這幅字，受到莫名感動而淚流不止，很想擁有。兩人為此，不知如何是好，在我輾轉得知此事後，就為他們再寫了一幅，終得圓滿兩人的心願。

也有為人父母者說，他不打算把財產留給兒孫，只要為他們留下兩張我的字，一張給大兒子，一張給二兒子。聽到他們的這些描述，還真發現寫字的趣談及妙事很多啊！

除了近年來每日書寫的「一筆字」，我從一九九六年開始，提筆寫了「平安吉祥」新春賀詞之後，也就每年都會書寫春聯與信徒結緣。我陸續寫下的有：「祥和歡喜」、「圓滿自在」、「安樂富有」、「千喜萬福」、「世紀生春」、「善緣好運」、「妙心吉祥」、「身心自在」、「共生吉祥」、「春來福到」。到了二〇〇七年，我則改以十二生肖來構思詞句，寫了「諸事圓滿」（豬年）、「子德芬芳」（鼠年）、「眾緣和諧」（鼠年）、「生耕致富」（牛年）、「威德福海」（虎年）、「巧智慧心」（兔年）、「龍天護佑」（龍年）、「曲直向前　福慧雙全」（蛇年）。

我書寫新春賀詞，並沒有其他的意思，只希望恢復中華文化的固有道德，讓所有人等在春節的時候，不要只是遊樂而已，還能更進一步以紅紙上的隻字片語，做為勉勵，增添人間的喜氣。就這樣，十多年來，蒙受弟子的普遍印行，目前在全世界已經發行了數百萬張，中華文化不也就逐漸傳播於五大洲了嗎？

總而言之，我想，近年來，我雖然眼睛看不見，但是在持之以恆地書寫、練習之下，仍得以完成不可能的任務，也可以算是創下「一筆字」的奇蹟了吧。

七

我辦大學等社會教育——如何自學辦教育

本諸良心辦教育

我十歲的時候，七七蘆溝橋事變發生，蔣介石宣布抗戰到底，我也參加了兒童抗戰的行列。記得那時候，社會人士組織一個抗戰班，我也參加這個班，還學會了當時抗戰的歌，如：「只有鐵，只有血，只有鐵血可以救中國。」還有：「起來！起來！我們萬眾一心，冒著敵人的炮火，前進！前進！前進！」那大概就是我參加社會教育的開始了。

後來出家，十年中沒有和社會接觸，一直到我快要離開佛教學院前，中國抗戰勝利了，還記得，我參加慶祝抗戰勝利的遊行活動時才十八歲，站在愛國愛民的立場，總覺得國家興亡，匹夫有責，不能不表現自己的良知，為社會奉獻一些力量。我來台灣前，短時間曾擔任南京華藏寺的住持，寺裡原先就辦有一所華藏學校、一間織布工廠，不過這些都是原先就有的，我並沒有放在心上。但為社會服務、辦社會教育的想法一直存在心中。

初到台灣時，社會上受到政治壓迫的力量，也就是所謂的「白色恐怖」，叫人談到活動、談到青年，就如談虎色變。但是，我覺得本諸良心，愛護國家社會，有什麼事情不可以做呢？

所以我就從宜蘭開始籌組「兒童班」，向政府立案籌辦「慈愛幼稚園」，向教育部登記「文理補習班」，倡導文藝，組織「文藝寫作班」，鼓勵青年唱歌、弘法等等。只希望每一個活動，能讓受到白色恐怖影響的民心得到開懷、解放。

後來，蔣經國先生不愧是一位先知先覺者，他為了台灣，提出以寓教於樂的方式，成立一個「青年救國團」，在每年的寒暑假，舉辦許多科學性、文藝性的活動，讓青年都來參與這些正當、正常、健康的娛樂活動，所以名為「救國」，實際是救心運動。

在我個人的人生字典裡，教育分有好多種類。所謂佛教教育，有僧伽教育、居士教育、兒童教育、慈善教育；在社會教育裡，如一般的學校教育、職業教育、婦女家事教育，以及各種職業訓練班等。

我在一九五三年元月來到宜蘭，一九五六年創辦「慈愛幼稚園」就向政府立案，並且設立「光華文理補習班」，這就算是我正式向政府申請社會教育的開始了。

在宜蘭辦幼稚園教育，我還舉辦「幼稚園師資訓練班」，訓練過好幾百名的幼教人才，所以後來全台灣各地幼教師資，都有來自我們幼教師資訓練班的老師。當時慈愛幼稚園，說來可憐，只有兩間教室，因此，我另外建了一個臨時的辦公室。不過在我的幼稚園裡，兒童的鞦韆、滑梯、浪馬，舉凡兒童玩的玩具，我一概皆有，甚至於我還有一個小型的動物園。因為那個時候，幼稚園的小孩年紀太小，不大願意上學校，但是我的小小動物園裡，有猴子、兔子、松鼠等好多動物，他們感到有趣，想要跟動物玩耍，就會安於就學了。

大師於宜蘭念佛會成立兒童班，帶領兒童共修。（1958年9月1日）

大師於一九五六年創辦宜蘭「慈愛幼稚園」，讓「慈愛」成為宜蘭市口碑最佳的幼稚園。前任宜蘭市長黃定和及佛光山都監院院長慧傳法師等人，當年都是幼稚園的院生。

我第一任的園主任是張優理小姐（慈惠法師），但開辦未及半年，因為慈愛幼稚園跟雷音寺是在宜蘭的北門口，林家祖廟是在南門，為了兒童的上學方便，又在林家祖廟裡設立分院，請吳素真小姐（慈容法師）擔任園主任。不久，蘇澳水泥廠也想辦幼稚園，再請慈容法師前往擔任園長，園主任一職就由張慈蓮小姐接任。

大師早年於宜蘭辦幼稚園教育，開辦幼教師資訓練班，訓練過好幾百名的幼教人才。（1952年5月1日）

其時，高雄佛教堂信徒們也希望設立幼稚園，我一概照辦，就請慈容法師協助創辦，一時，台灣的幼稚教育就開始蓬勃起來，台中、員林到處都有我們訓練的幼教老師，在各地主持幼教工作。

我自己沒有讀過正規的社會學校，但我很喜歡辦學，尤其，在寺院叢林的僧伽教育，養成我非常愛好幫助別人的心胸。又因為我覺得佛教能幫助人的，第一優先的就是「教育」，因此，我就更堅定地辦起社會教育來了。

除了辦幼兒教育以外，我也辦各種的職業補習班。如：烹飪補習班、洋裁補習班、花道班、婦女的家事班等等。總之一句，我自己雖淺陋，但是我希望我們的社會要提升，盡量地給大家都有機會受教育，能在社會上出人頭地。同時，我也提倡每一個人要有五張執照，例如：駕駛執照、教師執照、護理執照、水電執照、律師執照，因為有執照，才能方便就業；有職業，才有美好的生活。

這個時候，我也慢慢知道，我這個出家人和社會脫離不了干係，這大概就是我心甘情願走上社會教育的先聲了。

當然，辦了一些簡易的教育機構我並不能滿足，所以就集合信徒陳秀平邀約南亭法師、悟一法師共同在台北中和鄉辦理一所「智光商工職業學校」；現在，陳秀平、悟一法師、南亭法師都已經作古了，智光學校的原創辦人只剩下了我一個，我不知道現在智光的董事會，還知道我們當初創辦智光學校的那種苦心和願力嗎？

我一面在台北創辦智光學校，一面在想，辦教育還是要有自己的幹部，而這一切，必須要從佛教學院來辦起。但我沒有地方辦學，當時，信徒和我建立一個他們自己要修行的「壽山

一九六四年三月，大師與南亭老和尚（中）、悟一法師（右）共同發起籌辦智光商工職業學校。

寺」，在高雄壽山公園內，我也不管他們怎麼想，就商之於他們，讓我先來辦佛教學院吧！一九六五年，「壽山佛學院」就應運而生了。

克己為眾聚英才

在開辦佛學院初期，也有些信徒不願意，他們恐怕我沒有辦法負擔財力，都警告我：「師父，您要辦佛學院會沒有飯吃！」但我不為所動。佛學院開學以後，只有一班學生二十四人；隨後又招第二期二十四人；接著招收第三期二十四人，另外，也有不少是沒有經過考試前來聽課的旁聽生。

那個時候，確實是辦佛學院沒有飯吃，不過，我已經預備好要到殯儀館念通宵佛事。我是不做經懺佛事的，但是為了佛學院，我去念通宵，會有多一些錢可以補貼教育費用。我就邀一些要來做旁聽生的學生，你們也要跟我們一起念通宵，我才准許你們不經過考試而來旁聽，大家也都樂意，因此就解決了我的經費問題。

我心想，要辦教育，師資最重要，我辦壽山佛學院的初期，為什麼青年們好像擠窄門一樣，紛紛要來讀壽山佛學院？因為我有優良的教師。例如：會性法師、煮雲法師、聖嚴法師、慈靄法師，還有，專研佛教的國軍六十兵工廠附設醫院院長唐一玄居士；擔任海軍輪機長的方倫居士，對於禪、淨、唯識等都有所深入；高雄女中教務主任戴麒老師幫我教授國文，成功大學閻路教授幫我上自然科學。

辦這種小型佛教學院因為不需要立案，因此許多寺院大都辦辦停停、停停辦辦，或者以三年為一期，三年課程結束再招收一期；但我發願要一年一年招生，比照社會一般學校的教學體制，有上下學年、有寒暑假等，將佛教教育長期地辦下去。從壽山佛學院改為東方佛教學院，從東方佛教學院改為叢林學院，一路走來，每年大約有百名青年學子入學，至今五十年以上，弦歌不斷。

然而，光是有優良的師資還不夠，必須還要有發心，以及任勞任怨的行政工作人員。最初，由慈莊法師為我擔任教務主任，慈惠法師為我擔任訓育主任，這五十年來，曾經擔任過院長的有慈惠、慈容、依恆、依華、慧開、滿謙、慧傳、心培、慧寬、永固，一直到現在的永光、慧得，以及發心的老師們等，延續到今日。

這五十年來，除了辦壽山佛學院以外，由於各地紛紛建立別分院，也陸續辦起分部，例如：在澳洲南天寺有南天佛學院，在美國西來寺有西來佛學院，以及香港佛學院、印度佛學院、菲律賓佛學院、馬來西亞佛學院、巴西佛學院、南非佛學院等。甚至，在台灣宜蘭設立蘭陽佛教學院，彰化設立福山佛學院，嘉義設有圓福學園，台北設有台北女子佛教學院，基隆設立基隆女子佛學院，此外也在台北設立中國佛教研究院，還有台北石門的北海道場有男眾佛教學院及沙彌學園等。

辦佛教學院等於是師範院校一樣，所有的學生吃、住都免費，還要幫助他一些零用金，但是所謂「德不孤，必有鄰」，信徒看到教育的成果，漸漸也都熱心贊助起來。像現在叢林學院設立的獎學金，大概不只兩百種以上吧！所以每年這許多獎學金，幫助佛教學院解決許多疑難的問題。不過，我也建立制度，除了吃、住由佛光山供應以外，如果達到兩百人以上，就由常住每個月撥

壽山佛學院第一屆開學典禮，由大師（院長）主持。第一排右起：方倫、閻路、戴麒、唐一玄、慈靄、煮雲、大師、廣元等法師與教師。第一排左起：洪呂淑貞、陳罔市、莊許進治、王洪蕊。第二排左一：性瑩法師。第三排右一：修慈法師，右三：慧嚴法師。（1966年9月1日）

款一百萬元，做為學院的行政費用。

在佛光山開山之初，我並不因辦了僧伽教育就自我滿足，對辦社會教育的想法仍然熱情不減。除了台北的智光商工以外，教育廳一位朋友要我接辦岡山的正氣中學。正氣中學，原先是蔣經國先生在江西辦的學校，一九六三年在台灣高雄縣岡山設址復校，後來他們無力續辦，商之於我，我把正氣中學遷來佛光山，就是現在

印度沙彌學園師生。

的「普門中學」。那正是一九七七年賽洛瑪颱風來襲的時候，我從開始招生到學校開學，不到一個禮拜的時間，真如諸葛孔明所說：「辦學於風雨之際，接任於危難之間。」

普門中學創校至今四十餘年，所幸歷任校長，如慈惠、慧開、慧傳、王廷二、依淳、陳迺臣、葉明燦、林清波、蕭金榮，到現任的校長蔡國權，以及所有的老師們對學校都有很大的貢獻，如今已綠樹成蔭，桃李滿天下了。

普門中學辦學三十多年來，我們不知道投資多少，從來沒有一個董事拿過一塊錢路費，所有的點滴都歸於學校，甚至於包括佛光山常住，還要常常地補貼學校的費用不足。建校期間的費用不算，光是後來遷移學校，就花了五億元買土地和新建校舍。除了普門中學，在埔里的均頭中小學、台東的均一中小學，甚至宜蘭頭城第一所公辦民營的人文小學，也都是抱著這樣的理念，繼續為社會服務。

我對於辦教育充滿熱忱，為了提升信眾對佛學的認識，也依人間佛教走出去的理念，我就提出「寺院學校化」做為各道場弘化的方針。哪裡建寺廟，我就叫他們辦「都市佛學院」，讓在家信徒也有機會接觸佛法因緣，為了人間佛教的普及，在台灣由北到南，在基隆、台北、台中、嘉義等各地設立了十六所社區大學。甚至後來創辦電視台，我也叫他們開設「電視佛學院」節目，希望「讓家庭成為學校，客廳就是教室」，以多元化的內容，透過電視媒體，讓佛法普及人間，幫助每一位觀眾開啟人生智慧。

二〇〇四年，我們也利用網路媒介開設「天眼網路佛學院」，希望打破傳統教育地域上的限制，提供另一族群人士接觸佛法的因緣。此外，

「正氣中學」於一九七七年由佛光山接辦，更名為「普門中學」。

在報刊上，雖然沒有實際的佛學院，但我也鼓勵他們要開辦「紙上佛學院」，帶動其他媒體，希望社會大眾都能身做好事、口說好話、心存好念。我知道，要改變社會惡劣的風氣與貪欲的人心，必得從教育上來給予淨化，至於成果多少我也不計，只求努力以赴。

後來，有鑑於社會型態的改變，許多所謂的單身貴族，有心想到佛學院讀書，但是因為超過學院入學的年齡，於是我又在一九九四年設立了「勝鬘書院」。以四個月為一期，以旅行行腳方式參學，讓他們可以到世

大師創設「電視佛學院」。

界各地雲遊，擴大心量，放寬視野，拓展見識，以及重新思考生命意涵，進而能夠找到自己人生的價值和方向。

興學願心一甲子

對於社會教育，六十年前，我就一直存有辦大學的想法。但是，我的運氣並不是很順利，在台灣開放民間可以辦大學的時候，我沒有力量；等到一九七〇至一九八〇年間，覺得自己稍微有一點力量可以擔負的時候，政

佛光山於一九九一年創辦之西來大學正式成為美國大學西區聯盟（WASC）會員，大師左為校長蘭卡斯特。（2006年2月23日）

府又不准私人興辦大學了。在台灣，我沒有辦法設立大學，於是我就從美國開始，就這樣，我在洛杉磯辦起「西來大學」了。

西來大學從一九九四年申請到I 20（學生入學許可）可以招生的認可執照，到現在，總算學校的進步獲得認可，成為美國西區大學聯盟（WASC）的會員，也可以說是美國第一所由中國人創辦且獲此殊榮的大學。

另外，我也辦了很多中華學校，當中最有規模的有美國西來學校、澳洲中天學校等，西來學校擁有十餘間教室、數百名學生，在西方國家辦中華學校，西來寺算是第一家了。

感謝洛杉磯的信徒們，如：陳居夫婦、陳正男夫婦、張慶衍夫婦、萬通銀行吳履培兩兄弟，潘孝銳先生還和我共同成立「西來大學獎學金」，對學校的幫助都很大。歷年來，也造就不少碩士生、博士生，尤其對韓國和中南半島的佛教國家，可以說協助他們培養人才，應該算是最有貢獻了。

歷任的校長，有：陳迺臣、黃茂樹、蘭卡斯特、吳欽杉，以及現任的張錫峰等教授，大家都是一時之選，西來大學不但讓很多善心的信徒發心，西來寺的大眾也經常將法務所得，點滴歸公，都捐了給西來大學。這二十幾年來，已捐了數千萬美元了。

最初辦西來大學時，建地房屋大約要三千萬美元，一時，哪裡能籌得？好在佛法真有不可思議的因緣。一九九〇年春初，台北普門寺舉行「梁皇法會」，因為參加人數相當多，故分兩個梯次進行，每梯次六百人，計一千兩百人禮拜，我也應他們所請，到台北給予信眾鼓勵。

記得當時法會已經開始唱誦了，我獨自一個人在他們的辦公室，剛好坐在一個練習書法的徒眾座位上，就

美國西來大學。

想，我也來寫幾個字吧！忽然跑進了一位老太太，塞了十萬塊在我的口袋裡，她說：「這是給您的，您可不要給佛光山！」

這又不好推拒，我就把順手寫的一張字「信解行證」送給她。哪知道她拿到佛堂裡面去跟大家炫耀說：「這是大師寫給我的！」大家說：「我們也要！」她說：「這是十萬塊錢的！」那許多信徒都是經濟相當不錯的家庭，聽了以後，十萬塊錢哪裡能嚇倒他們，你有十萬塊，我們也有，大家紛紛拿出十萬塊錢，叫我替他們寫字，總共寫了兩天，一千多人，就有將近億元做為西來大學建校的基金，真是善因妙果！後來我一直追憶這一位老太太叫什麼名字，卻怎麼樣都想不起她的名字來。

一九八九年，澳洲臥龍崗市市長佛蘭先生，曾發起將現在南天寺的那塊土地捐給佛光山；二〇〇〇年，住持滿謙陪著臥龍崗市的市長喬治哈里森（George Harrison）一行人到佛光山參觀，沒多久，我就接到消息說，他們已經得到市議會議員三分之二以上通過，要將八十英畝的土地捐給佛光山的南天寺，希望我們能在那裡辦一所大學和美術館；土地捐贈儀式就在南天寺進行，由滿謙和滿信在律師的見證下完成了手續。經過七年的規劃，二〇〇七年，由我和駐澳大利亞台北經濟文化辦事處的代表林松煥、臥龍崗市長代表大衛法摩爾（David Farmer）等貴賓代表動土。

南天大學是佛光山繼西來大學、南華大學、佛光大學後興建的第四所大學。我想，過去有很多國家到台灣辦了很多大學，如輔仁大學、東海大學、東吳大學等，如今，承蒙澳洲政府願意給我們一個機會建大學，讓佛光山有機會得以回饋世界。

然而，在國外辦大學，不是我真

佛光山開山、澳洲南天大學創辦人星雲大師與澳洲總理Tony Abbott，共同主持南天大學落成啟用典禮，為澳洲教育史上新的里程碑。（2015年3月1日）

正所願，為什麼我不能在國內辦一所大學呢？有些信徒知道我的意思，也紛紛表示支持。

例如，日月光集團的張姚宏影老菩薩，曾經拿了五千萬的支票給我說：「這是捐給你辦大學的。」

我說：「不行，我現在還沒有開始辦，我不能接受妳的捐款！」

她說：「你現在不接受，等到你開始辦的時候我沒有錢了怎麼辦？」

我回答她說：「話雖如此，但是這個辦學校的因緣不是那麼簡單，我接受了以後，妳會一直常來問我：『學校呢？』、『大學呢？』我實在負擔很沉重。」

因此，我始終不接受她的捐款。後來她說：「我替你存到銀行裡，隨你什麼時候要就去領。」

此外，高雄縣前縣長余陳月瑛在一九九一年的除夕，就住到佛光山上來，告訴我說：「明天早上過年假，我帶你去找辦大學的校地。」

余陳月瑛帶我看的那塊土地，就是現在高雄師範大學的校址，但是它是國有土地。之前，在我選那一塊地的時候，我請了高雄市議會所有的議員出席，跟他們商量。這一塊校地，他要我三萬塊錢一坪；一個學校有三十公頃，光是個土地就要數十億元，我哪裡能辦得起大學呢？

後來，礁溪鄉鄉長陳德治先生打電話給我，他說：「大師，聽說您要辦大學，我礁溪這裡有校地，您也在宜蘭有緣分，可以到宜蘭來辦吧！」

他熱情殷殷，多次要我前去探勘校地。實在說，也看不出這塊校地的地貌，因為整片都是土山丘陵，高低不平，但是我也不管它，既然人家肯提供了，我就說：「我們就決定在這裡設校了！」

這塊校地共五十公頃，只要三億元就可以承購。但是必須到政府申請，准許我們設校後，我才能付款。宜蘭縣政府裡有一位國民黨的財務科長，堅持說：「現在價錢不能決定三億，等你申請到了以後，再看那時候市價如何，才能定奪。」

「假如學校申請准許了，從三億漲到三十億，我怎麼辦呢？」我跟他爭論。

後來感謝當時宜蘭縣游錫堃縣長承擔責任，他說：「假如不如法讓我來不如法，你給他批准！」

當初宜蘭佛光大學的這一塊校地，請黑石土木公司開發，費了五年的時間整地、做水土保持等工程，地上一磚一瓦都還沒有蓋，就已經花去新台幣十億元了。

報答佛恩於萬一

自知個人沒有力量，不過我想，憑著誠意與願心，希望能夠效法武訓辦學的精神，以托缽的方式籌募功德善款辦學。於是在一九九六年初，我發起「百萬人興學運動」，發動百萬人每月捐助一百元，只要連續捐三年，參與的人都是大學的「建校委員」。但是，由於校地環保工程一直遲遲不能落實，建校曠日廢時，信徒不斷地問我：「師父，大學辦得怎麼樣了？」我一直感到難以應對。

剛巧有一位黃天中先生，他在嘉義大林鎮要設立一所大學，執照都有了，就是沒有資金建校，他商之於我，希望我來接辦。當時，整片校區唯一的建築物，才剛剛拆下模板。由於宜蘭的校地整建困難，我一心急於想對信徒有個交代，就想：「好吧，就先從南華開始設校吧！」

從建校到開學，只有八個月的時間，連教育部都懷疑：「你能開學嗎？」我說：「我能。」所幸，中興工程公司和鈺通建築公司為我們辛勞，南華大學終於在一九九六年八月如期開學，並且由龔鵬程先生擔任首

嘉義南華大學。

任校長。

為了回饋社會、幫助學生，我提出前四年免收學雜費，成為當時國內第一所不收學雜費的私立大學。在啟教典禮的同時，我們也舉行萬人園遊會，吸引了數萬人潮前來觀禮。因為我知道，這是一所初辦的大學，還沒有力量和其他的學校競爭，又地處偏僻地方，如果沒有一點特殊的優惠，是無法吸引青年學子來入學的。

又再三年，花了十年時間的佛光大學開發案，終於獲得批准，我們先建一棟教學大樓預備招生工作，在二〇〇〇年，「佛光人文社會學院」

佛光大學「百萬人興學功德碑牆」，見證透過百萬人之力來興建大學。

獲准成立，三年後因為優異的辦學成績，經教育部通過改制為「佛光大學」。

關於「百萬人興學運動」這一件事情，大家現在走進佛光大學校園，沿著右邊上山的路上有一道碑牆，上面刻著百萬位信施的名字以表紀念，希望所有前來就讀大學的莘莘學子，都能用一顆感恩惜福的心學習。

我倡導百萬人興學，我也有口號說：「把智慧留給自己，把大學留給人間，把功德留給子孫，把歡喜留給大眾。」後來三年期滿，實際的建校工程並未完成，不過可愛的信徒、發

佛光大學鳥瞰圖。

心的人士都繼續每個月百元支持，現在學校已經舉辦過十八週年紀念了，還是有人持續贊助。

確實，辦一所大學是不容易的，每年大學董事會都要貼補建校和經常費三億元左右，佛光山也是給這許多學校的開支費用追得焦頭爛額，所幸每次都能順利過關。

現在佛光大學由楊朝祥擔任校長，他原先在教育部擔任部長，二〇〇八年出任考試院考選部部長，後來受我的邀約，他辭去部長的職務，轉任佛光大學校長。他對於校務的推動多所著力，校譽日進，受到全校師

二〇一六大學校長論壇在佛光山舉辦，十一國二十二所大學校長建立國際合作交流平台。（2016年10月2日）

生的愛戴與肯定。

現在，佛光大學被譽為是世界上最美麗的學校。尤其，白天上課，經常雲霧繚繞，坐在教室裡，師生好像騰雲駕霧一般。能在雲裡霧裡上課，也別有一番詩意。

到了晚上，天朗氣清時，山下蘭陽平原的百萬燈火，像極了一顆顆的珍珠，彷佛一伸手就可以撈起來，真是蔚為奇觀。有人說，佛光大學是五星級的大飯店，但我倒不想做五星級大飯店，五星級的學校、五星級的大學，才是我的所願啊。

南華大學已經開辦二十幾年了，感謝教育部政務次長林聰明先生，在二〇一三年元月二十一日前來就任校長，我相信，未來林校長必定會有一番作為。

數十年來，總計我創辦的社會教育，有西來大學、南天大學、南華大學、佛光大學，以及各級的學校，高中、國中、小學、幼稚教育等。《楞嚴經》有云：「將此深心奉塵剎，是則名為報佛恩。」我將我的身心奉獻給教育、文化、慈善事業，也算是我報答佛恩於萬一了！

大師頒發聘書給南華大學校長林聰明博士。（2013年1月21日）

佛光山系統大學，為台灣第一個國際性大學系統，大師與五所大學校長合影。左起為南華大學校長林聰明、西來大學校長Stephen Morgan、大師、菲律賓光明大學校長Helen Correa、佛光山系統大學總校長楊朝祥、澳洲南天大學校長Bill Lovegrove。（2016年10月2日）

參、星雲大師教自學

一

三分師徒，七分道友——如何培養弟子自學

師徒傳燈心相印

「大師！您有千餘名出家弟子，百萬在家信徒，您是怎麼領導他們的？」每回我在受訪時，聽到這個問題，就不禁想起我偉大的師父志開上人曾對我說過的話：「三分師徒，七分道友。」他是棲霞佛學院的院長，平日不苟言笑，對我十分嚴厲，但是從好幾件小事情來看，他其實是一位通達事理的長者。

記憶最深刻的是，有一天早課剛完，天色未明，大家正在晨跑，我發現一條人影戴著帽子在前漫步，於是我以班長身分，大叫一聲：「你這個拖拉鬼，還不快一點跟上前面的人！」再定睛一看，竟然是院長家師啊！他居然沒有生

氣，反而還對我微微笑著。他雖然經常對我責深言切，但有的時候，他也給我轉圜的餘地，讓我感到他不僅是一位良師，也是一位益友。

在我心目中，家師真正的好，不僅在於他的明理嚴教，也在他那恢宏的器識與開闊的胸襟。從大陸到台灣，從叢林道場到子孫寺院，我見過不少師父，他們收徒弟進來，或服侍防老，或繼承家廟，或為謀道糧，或增添氣勢，而我偉大的家師則送我到各處參學苦修，讓我在大眾中熏修磨鍊。

一九四九年，神州板蕩，家師聽說我將赴台灣參訪，不僅辦齋送行，還給我兩枚銀元以為途中不時之需。家師那種為眾育徒的慈心悲願永遠深印在我心中。

自古以來，前輩大德們的師徒傳燈，心心相印，我只能仰望羨慕，何敢相比？何況我一生

大師的剃度恩師志開上人。

中，為徒不孝，為師不嚴，但想到恩師和古德所云「三分師徒，七分道友」，確實是我戮力以赴的目標。

從家師的為教培才，我意識到收徒度眾確是一件非同小可的重責大任，所以儘管剛來台灣時，曾有許多人想隨我出家，但我自忖一介雲水衲僧，居無定所，又沒有自己的寺院道場，無法盡到教養的責任，豈不反而愧對弟子，故均予婉拒，轉而介紹給其他善知識。像慧瑞、明藏、覺律、普暉等，都是在這些因緣下，皈投到印順、白聖、月基及德熙法師等人座下。其他的在家徒眾由我介紹到其他道場參學者，也是不計其數，像黃麗明三十年後，還是又回來拜我為師；翁覺華在如熹法師處忠心耿耿地奉獻了四十載青春，不久前與我不期而遇，淚流滿面，欲言又止，彼此雖無師徒傳道之實，但這份佛法因緣也不曾因時移事遷而中斷無痕。

數年前，我應邀到宏法寺、澄清寺等道場說法，有許多過去數十年前結緣的在家信徒見到我，向我跪哭，請求我原諒他們成為其他寺院的護法。其實我一生只是為佛教，為眾生，為國家，為社會培育徒眾，從沒有想要佔為己有，因此，我對他們說：「大家所拜的佛祖都是同一個，到哪一家寺院道場不都是一樣嗎？」

略盡棉薄道友情

說自己收徒剃度，是五十年前在雷音寺落腳以後的事了。最早的出家男女弟子是心平與慈嘉、慈怡、心如等數人，那時我雖然經濟困窘，但還是勉力湊錢，發給他們紅包，而且親手為他們製作僧衣，從買布到染色，從剪裁到縫紉，都是我幫忙完成的。直到現在，我還記得當他們接到僧衣

大師於宜蘭雷音寺為出家弟子慈嘉法師舉行剃度典禮。（1963年）

時那種欣喜的神情。

後來，我才知道當時在本省，需要身懷相當財物，並自備衣單者，方能如願披剃，而我卻常常為了成就弟子出家，不惜犧牲自我。記得曾有一個年幼女孩向我請求剃度，我答應她後，她竟然還附帶條件：「我要先穿一次牛仔褲、玻璃絲襪後，才要發心出家。」於是，我從日本回國時，託人購買。回國通關時，關員開箱檢查，取笑說：「出家人竟然買這些東西！」天下父母心，有誰能了解？

五十年前，還有一位徒眾為學佛而逃離家門，我念他倉皇離家，沒有攜帶一衣一物，所以即刻掏出五百元，沒想到他卻對我說：「那麼俗氣做什麼？」四十多年前，一位小姐來山念書，我見她腳蹬高跟鞋，身穿迷你裙，來參加早晚課誦，於是拿了三千元給她，意在資助她添購海青、制服、棉被、文具等日用物品，她竟然當下拒絕，並且說道：「不要想用金錢來買動我的心！」

雖然有好幾次令我愕然的經驗，我還是不曾失望，看到別人有心學佛，總是歡歡喜喜地關懷幫助，凡有所匱乏，我也想盡辦法，滿足所願。我不但供應

大師首創住持任期制度，體現交棒精神。圖為佛光山舉行傳法大典，由臨濟宗第四十八世傳人星雲大師，傳法予四十九世衣缽傳人—心平法師。心平法師擔任佛光山第四、五任住持。（1985年9月22日）

日用物品，衣單嚫錢，連春節時都未嘗少發過一份紅包。記得一九六四年在壽山寺，眼看著年關將近，無奈阮囊羞澀，為了趕在除夕夜發給每一個人兩百元壓歲錢，我還是冒著寒風細雨，在除夕夜等候信徒前來進香。

近十幾年來，經濟稍微寬裕，每次出國弘法之暇，我常常進出百貨公司，購買便宜的紀念品，帶回國內送給徒眾和育幼院的孩子們摸彩。雖然攜帶大箱小箱不但行動不便，而且每經過一次海關，總要接受一番拆箱盤問，才能通過放行，但看到徒眾人手一份，皆大歡喜的樣子，自覺再困難

也是值得的。弟子中百般珍惜者固然有之，但是也有些人覺得大家都有，沒什麼稀罕。姑且不論運送途中的迂迴周折，然為師的一番愛心，他們何曾體會？還有些人溜單時，將我送的物品丟棄地上，更是令人見了傷心。也不禁讓人想到古德「三分師徒，七分道友」的名言，而今師情隆厚，徒義何存？

對於弟子日常的衣食住行，乃至疾病醫藥、探親路費等一切福利，雖然我都考慮周詳，並且督促有關單位張羅齊全，有時還是難免老婆心切。心平、永平開刀療養期間，我一次又一次地去醫院探視，其他徒眾臥病吊點滴時，我也經常提著稀飯、醬菜前往慰問……，力有未逮處，則遣侍者攜補品、瓜果代為致意。旁人看了，都笑稱我是個「孝順的師父」，其實我只想盡一點道友之情罷了。

藉參學結緣大眾

所謂「聞道有先後，術業有專攻」，我並不以為自己比徒弟高明，除了傳道、授業、解惑以外，我更希望他們能「青出於藍，更勝於藍」，所以不但延聘名師前來教學，也鼓勵他們出外參學遊訪，經由「讀萬卷書，行萬里路」，來增廣見聞，拓展胸襟。

四十幾年前，依空到東京大學深造，我親自陪他遠赴東瀛，託付給水野教授；依昱在駒澤大學讀書，我去日本看他，他竟然安排隨侍我同行的弟子睡在房間，我則伴著日月星辰，在陽台上睡了一晚；心中懸念慧開的生活起居，我專程前往費城的天普大學；甚至我藉朝聖之名，數次至印度，走訪詩人泰戈爾所創辦的梵文大學，探望正在攻讀學位的依華；我乘出國弘法之便，巡視各地道場，其實真正的用意，無非是想看看在海外開山拓土的弟子是否安好。我忍耐風霜雨雪，受著暑熱嚴寒侵逼，這份愛徒之心，恐怕只有為人父母者才能體會。

佛光山分布於海內外弘法的弟子，都是經過叢林學院的教育養成。圖為參加由大師親自授課之「二〇〇三年主管講習會」海內外徒眾。前排右起：慧延、慧得、慧昭、慧義、慧同、慧法、慧龍、慧寬、大師、慈惠、慈容、依嚴、依敏、永平、依培、永富、滿益等法師，合影於佛光山叢林學院四十坡。（2003年5月18日）

為教爭光　為己爭榮
要把佛法興隆
弘法利生　闡揚宗風
但願時能相逢

佛光山自開山以來，至今已有海內外近三百多所道場，現有一千多名徒眾，為促進本山徒眾、學生的交流與共識，加強訓練及建立宗門思想，每年由傳燈會主辦，於佛光山總本山舉行「海內外徒眾講習會」。

早期的弟子出國參訪，我努力籌錢，自掏腰包，但後來留學的人數日益增多，而常住財力也比以前稍好，我恐怕徒眾只知道有師父，不知道有常住，於是改由常住支付學雜費用。雖然如此，每回出國，我還是做「散財老爹」，拿錢給他們購買書籍文具，將身上帶的盤纏，沿路收的紅包全都送光了，才安心回山。一九九四年，我環球弘法，給五大洲的百餘名留學弟子每人百元美金，兩萬元的美鈔就這樣從口袋裡消失了。在飛機上俯瞰漸離視線的青山綠水時，我衷心默禱他們日後能學有所成，對國際佛教的交流有所貢獻。

至今佛光山每一個弟子都有出國的經驗，有人曾對我說：這樣會使一些人才流失，豈不是白費心血？其實，如果真是這樣，也可以散播佛法，與大眾結緣，未嘗不是「傳燈」的方式之一。只要盡其在我，努力耕耘播種，一旦開花結果，不一定只留給自己欣賞，也應該讓世人共同分享，這原本就是我一貫的度眾信念。

循循身教勝言教

東京佛光協會的陳逸民先生有一次對我說：「大師！您真了不起，不說別的，光是適應這麼多不同個性的徒眾，想必要費很大的功夫吧！」我未曾覺得自己了不起，因為我與弟子之間不是上令下從，而是思想的溝通，佛道的交流。所以，我同中存異，欣賞他們不同的性格；我異中求同，居間調和不同的觀點。當他們向我請示事情時，我傾囊相授，用心指導；當他們前來告假銷假時，我招呼喝茶，款待用餐。我不想以威權強迫他們接受我的意見，故採循循善誘的態度，保其尊嚴。我不認為自己是至尊至上的，「三分師徒，七分道友」的觀念，讓我察納雅言，廣集眾議。

在佛光山，每一個人都有自由發言的權利。有時，我才說了一句話，周遭的人也爭相表達意見，如同小犬齊吠。有時，我話還沒說，徒眾反倒先開口：

「師父！您聽我說……」

「師父！您都不知道啊……」

真是誰大誰小？儘管有時對於他們所說的話不以為然，我還是耐煩傾聽。有人對我說：「他們是弟子，禮應恭敬，您何必要對他們那麼客氣？」話雖不錯，但想到過去古德對於弟子的自矜，曾留下「老為大，小有用」的教誨，這何嘗不是「三分師徒，七分道友」的襟懷？佛寺的山門前面，總是有一尊大肚能容的彌勒菩薩，笑容可掬地接引來者，等到入了山門，回頭才看到手持金剛杵的韋馱護法，這正說明了佛門的教育，既有彌勒菩薩愛的攝受，又有韋馱護法力的折服。惟有先讓徒眾敞開心門，暢

所欲言，我們才好觀機逗教，以種種方法調伏慢幢，讓對方窺見佛法的堂奧。

過去佛光山的人手還不是很多的時候，每到假日期間，來山信徒絡繹不絕，我便經常到果樂齋、朝山會館炒菜煮麵供養大眾。廚房裡鍋碗瓢盆和著人聲笑語，師徒共聚一堂，協力合作，大家其樂融融，倒也忘了彼此是誰。三十年前，我到西來寺弘法時，曾獨自一人入廚典座，效率之快速，色香之俱全，至今仍為信徒津津樂道。一九九五年春節，我為台北道場的信眾煮了一道百味齋，大家也是有口皆碑，讚不絕口。不知如此之身教，是否比言教更好？

大小尊卑不一定

昔時，閔員外送兒子道明至九華山隨地藏菩薩出家的故事成為千古美談；裴休宰相所作的「送子出家詩」，至今讀來，仍令人動容不已。現代的閔員外與裴休似乎更勝一籌，像在佛光山，親人眷屬互相成就，父母、兄弟、姊妹先後出家者，就有四十多對。近幾年來，隨著時代思想的進步，父母送子女來山出家的更是越來越多，每當聽到他們改口叫自己的兒女為「法師」時，除了感動以外，更覺得世俗上所謂大小尊卑，豈有一定？

文殊菩薩雖貴為七佛之師，但在釋迦牟尼佛面前，也得禮拜請法；鳩摩羅什與槃頭達多之間「大乘小乘互相為師」的美談，更是傳揚千載。禪宗六祖發出「迷時師度，悟時自度」的豪語，不但在

佛光山傑出的比丘、比丘尼。

當時令五祖擊節讚賞，即便在今日，仍是膾炙人口的名言；黃檗、臨濟師徒之間的凌厲機鋒，不僅無礙兩人的道聲，而且還成為後代佛子參禪的最佳公案。所以「三分師徒，七分道友」對於個人的成長而言，意味著如果光靠自己，沒有指引，則無由因指見月；但一味地依賴別人，則將有如附木之靈，無所成就。

因此，為人父母者，能有「三分師徒，七分道友」的認知，則子女不僅是自己的骨肉，更是自己的朋友，可以分享成長的喜悅；為人師長者，能有「三分師徒，七分道友」的涵養，則弟子不僅是自己的晚輩，更是自己的同參，可以互切互磋；為人長官者，能有「三分師徒，七分道友」的體認，則部下不僅是自己的袍屬，更是自己的同事，可以共同承擔苦樂；夫妻之間能有「三分師徒，七分道友」的觀念，就能彼此包容，互相尊重。能做到「三分師徒，七分道友」的緣分，是多麼美妙！

二

我提倡讀書會

——如何提倡大眾自學

八識田中種福慧

我出生在揚州一個窮苦的農村家庭，因為家裡貧窮，從小沒有見過學校，也沒有進過學校念書，至今連一張小學畢業證書都沒有，到了有書真正可以讀的時候，已經超過學齡；直到十二歲那年，我在棲霞山剃度後進入棲霞律學院就讀，讀書成了我生命中的重要資糧。假如說我不讀書，現在的情況實在很難想像。

因為對讀書的渴望，我向常住爭取管理圖書館的工作，藉由整理書籍的機會，可以閱覽群書；甚至夜晚熄燈後，我還躲在棉被裡點著線香偷偷看書。

少年的我，也可以說藉由這些中國古典小說，如《岳傳》、《荊軻傳》、《三國演義》、《七俠五義》，及歷代高僧傳記、歷史典籍等，培養了我許多的觀念。歷代多少的英雄好漢，經歷艱難困苦，無形中都激勵我要立志、要奮發向上。讀書，真是滋養了我一生的成長，啟發我做人要有情有義、要有正義感、要正派。因此，我非常鼓勵每個人都要養成讀書的習慣。

三十多年前，我到日本立正佼成會參觀，裡面有一個很大的說法殿，我看到三個一組、五個一群，大概有好幾百人圍成一桌一桌地在談話。帶我們參觀的人說：「我們立正佼成會就靠這個法座，大家坐在一起談論佛法。」

他接著又說：「他們有的從很遠地方來，他們來了，就是由寺院裡資歷比較久的長老主持，十個、八個圍在一起，有什麼困難、不得解決的事情，大家提出來討論、商量。在這個讀書會裡，我們不談金錢、不談愛情，其他的事情都可以談，因為金錢、愛情容易造成是非，談佛法、談困難的解決，必定對自己有所幫助。」

所以，我就想到寺院裡，假如有信徒來了，那我們也可以跟他們分享一篇好的文章，彼此做心得交流，或許剛好可以解決他們心中的苦悶，相信信徒也會很歡喜。

我一生就希望成全別人讀書，甚至經常想著要如何推動讀書。也因此，我從小學校長做起，後來辦幼稚園，創辦佛教學院、小學、初中、高中，乃至在澳洲、美國及台灣創辦四所大學，主要目的就是希望讓大家來讀書；即使集合百萬人心血創辦學校，也是想號召大家多讀書。也由於自己愛好閱讀，體會到文字的影響力很大，因此從青少年起，我就歡喜寫作，多年來一直持續不斷。

在弘法過程中，經常有人問我：「您是怎樣在全世界各地，建起那麼多個寺廟，辦那麼多所學校？」簡單地說，都是因為書把佛光山建起來的。這是什麼道理呢？

像佛光山這麼大一塊地，我怎麼買下來的呢？其實，不是我買的，是玉琳國師買的。大家一定覺得很奇怪，玉琳國師是清朝順治皇帝時候的人，他怎麼會在現代買地呢？實際上，是我寫《玉琳國師》這本書的版稅買的。六十幾年來，這本書翻印了不只五十版以上。

「那麼大悲殿是怎麼建的？」我也告訴大家，那是觀世音菩薩建的。因為我曾學了三個月的日文，嘗試翻譯一本日文的《觀世音菩薩普門品》，就取名為《觀世音菩薩普門品講話》，也不曉得印了幾十版，我就把所得版稅拿來建大悲殿了。

也有人說：「你的大雄寶殿建得不錯呀！」連圓山飯店過去的負責人蔣宋美齡女士都曾經看過大雄寶殿，感到非常雄偉高大，她問我：「你是怎麼建的呢？」我說：「那不是我建的，那是釋迦牟尼佛建的呀！」人家大概會覺得很奇怪，怎麼釋迦牟尼佛會建佛殿呢？

這是因為我寫了一本《釋迦牟尼佛傳》，這本書出版也有六十餘年了，至少有一百版以上了，我就把版稅拿來建大雄寶殿。因此我常常告訴大家，不要把佛光山看成鋼筋水泥，要當做是書本，從書的價值來建立一座佛光山。

此外，佛光山早期有一群青年跟隨我出家，像慈莊、慈惠、慈容、心平等人，他們是怎麼來的呢？也是因為我教他們國文、跟我一起讀書，受我的影響，而成為佛教徒。

我們看古今中外一個國家有多大的力量，就看他們讀書的風氣。日本全國上下，不但在學校裡讀書、在家庭裡讀書，甚至在火車上、電車裡，都是人手一冊。乃至於到歐美有些國家，他們的青少年也寧可把買漢堡的錢，拿來買一本書閱讀。

中國古代自從文武、周公、孔子提倡學術、詩書、禮樂以後，改變了社會的風氣；甚至唐詩、宋詞、元曲、明清的小說，都為中國社會提倡文化建國的偉大力量。

我們舉看歷史上的朝代，從唐宋以後，出版物興起，尤以清朝乾隆敕編的《四庫全書》；佛教多種的藏經，特別是康熙年間刊刻的《龍藏》，浩浩蕩蕩湧現到社會民間，成為現存年代最久、保存最完好的歷代宮廷御刻的藏文大藏經。

但是，不知從什麼時候起，社會流行著「債多不愁、蝨多不癢、書多不讀」的習慣；甚至過去還有一些不喜歡讀書的懶惰人，常掛在口邊說：「春天不是讀書天，夏日炎炎正好眠，秋天蚊蟲冬有雪，收拾書包過新年。」像這樣一年一年反復浪費時光，就沒有成就。

讀書，可以改變氣質，可以樹立形

象，藉由讀書可以認識自己，也能擴大自己的世界，增廣知識與見解，使人明白做人做事的道理。人不讀書，不僅膚淺無知，全身充滿俗氣，活著像行屍走肉一般，又好像吃飯沒有菜餚一樣無味。

讀書就像是在閱讀人生，天下遠見雜誌創辦人高希均教授說：「要把家庭的酒櫃變成書櫃。」這個理想很好，酒會傷害人的身體，讓人迷失自己；就是做事情，也是做了以後就沒有。唯有讀書，知識永遠是智慧，讀過了，知識永遠會存在你的心裡，即佛教所說的八識田中。讀書的種子，會埋在我們心裡，因緣聚會時，它會成長、開花，也就是所謂「開般若花，結般若果」。

人間佛教讀書會

二〇〇一年我在澳洲弘法，繁忙之餘，不曾忘記必須推動讀書會。尤其佛教徒沒有讀書的習慣，整個華人閱讀的風氣也不盛，雖然自己從小沒讀過什麼書，怎樣推動讀書會也不是很有經驗；不過，總有很多榜樣讓我依樣學樣，過去有私塾、書院、補習班、義學等，我想推動讀書會只要有人，應該就不難了。

於是在澳洲我就提議起草讀書會的章程辦法，從填表、報名、審核通過後，就可開始運作。讀書會設「會長」一名以綜理讀書會務，參加者除了自己所需印製的工本費外，其餘一律全免。再者，讀書會的人數不宜太多，五個、十個不嫌少，但最好還是不要超過二十人，談起話來比較能夠讓大家有發言的機會。

為了避免流於形式化，我主張讀書會的地點不一定要限制在教室裡，山林水邊大自然也可以是很好的讀書環境，而讀書會裡也可以穿插電影欣賞、唱歌，或聽一場專題演講，但不得超過正課的三分之一。至於多久一次讀書好呢？我建議每個月最少要有兩次聚會，若能每星期讀書那是最好不過，因為日久必能養成讀書的好習慣。

對於帶領讀書會的方法，我訂出「三段式」的讀書會程序，也就是當大家陸陸續續來參加讀書會時，有人遲到，有人還沒進入狀況前，可以先進行三十分鐘的「暖身」，再進入「主題討論」，然後「心得分享」。

暖身時可以讓大家報告最新出版的好書、可以談談最近的焦點新聞，也可以學習佛門禮儀或靜心禪坐。然後再進入主題討論，無論讀經典，或是佛教藝文、高僧傳記，藉由閱讀培養宗教情操，也可以建立佛法的正確知見。

讀書會的帶領人，最重要的就是要讓人人都能講出他們自己的想法與觀點。我強調讀書會「人人都是老師」，帶領人其實就是主持讓大家發表的關鍵人物，但不是一言堂的演講者。經過主題討論到最後，每個人再進行「心得分享」時，就更能歸納出學習的重點。

澳洲回來後第二年，我到南非主持國際佛光會世界理事會，提出「佛教四化」的主張，我呼籲佛教要不被時代所淘汰，就必須走向「佛法人間化、生活書香化、僧信平等化、寺院本土化」，我再度提出「生活書香化」的重要，希望大家在世間生活，不能只為了三餐溫飽，不能只是追求物質、金錢、愛情等五欲塵勞，生活應該要有般若、知識，要充實自己的氣質內涵，要找出自己的真心佛性，要懂得營造生活的樂趣，要重視生活的品質，這其中唯有多讀書，使生活有了書香，才能夠讓自己的人生過得有意義。

我提到「讀書會」各種讀書方法，可以全讀、段讀、對讀、隨讀、齊讀，讓讀書像唱歌一樣地讀，要「讀活書，活讀書」，不要刻板地死讀書，平常讀完後把重點記下來，常常溫故知新，日久，書本上的知識就會融入到自己的身心血液裡，成為自己的養分。

從南非回台灣後，我就找到正在佛學院擔任教職的覺培，覺培是我在一九九六年歐洲弘法時，把他「撿」回來的。他很有想法，也歡喜問問題；住在阿根廷十四年，一路讀書、成長、工作，後來遇到巴西的覺誠，推薦他參加在法國召開的國際佛光會世界大會而認識佛光山。

他在我歐洲弘法期間，一路問了我不知道多少個問題，我想怎麼會有人有這麼多問題呢？不過他在問完後就回台灣，不久後就跟隨我出家了。我想這也很好，把問題都問懂了，出家也就更一心一意了。

覺培接任讀書會後，就去台中光明學苑成立「人間佛教讀書會總部」，是時二〇〇二年一月一日，我跟他說：「你做讀書會我可沒錢給你，但是會給你

《佛光教科書》，出家人憂道不憂貧，人能弘道，非道弘人，如果有一千個讀書會，一個讀書會十個人，就會有一萬人讀書；如果二十個人，就有兩萬人讀書，這對社會教化的影響是很大的。」覺培聽了我的話之後，就依教奉行到全國各地辦讀書會去了。

三個月後，他苦惱地回來跟我報告：「師父啊，我辦讀書會，想不到都市人都說他們『沒時間讀書』；我到鄉下去，鄉下人就跟我說他們『沒有習慣讀書』；最後我想找退休老師來參加讀書會，他們竟然說：『我們做老師的退休後終於解脫，不用再讀書了，怎麼還會有人想參加讀書會。』到底我們讀書會要推廣給誰啊？」

我想這應該是一般華人社會沒有養成閱讀風氣的現象。不過，我還是勉勵覺培：「讀書會要給人讀得歡喜，還要跟生活結合，讀書不限定在室內，可以在咖啡館、餐廳，甚至走入大自然、山林水邊、樹下，都是讀書的好地方，只要給人讀得歡喜受用，就會有人肯來。」

覺培把我的話聽進去，才兩年的光景，就聽到讀書會在各地如雨後春筍般地到處展開。先後在海內外成立「山水讀書會」、「社區讀書會」、「好鄰居讀書會」、「嬤孫讀書會」、「婆婆媽媽讀書會」，還有「經典讀書會」、「藝文讀書會」、「雙語讀書會」、「空中讀書會」，我還聽說在台灣最高峰玉山，成立「玉山讀書會」，而在學校推廣的「班級讀書會」就更多了。這兩千多個讀書會，成為全球華人社團裡最龐大的讀書會群。這些不同類型的讀書會，都是覺培帶領讀書會總部的成員妙寧、滿穆及多位講師們，在各地所舉辦的讀書會培訓的成果。

這段期間，因為讀書會而結為盟友的有：二〇〇一年於台北金光明寺，與洪建全基金會「ＰＨＰ素直友會」總會長簡靜惠女士結盟；二〇〇三年於佛光山寺，與天下遠見讀書俱樂部創辦人高希均教授結盟。這些盟友，可以說都是社會上的菁英賢達，數十年如一日，他們在社會各地推動著閱讀，也為台灣注入不少閱讀的風氣。

大師於金光明寺主持「人間佛教讀書會」及「洪建全基金會PHP素直友會」結盟儀式。有洪建全基金會PHP素直友會總會長簡靜惠（左六）、日本全國PHP友會會長松野宗純法師（左五）、佛光山文教基金會執行長慈惠法師（左四）人間佛教讀書會總會執行長覺培法師等。（2002年3月2日）

注入閱讀的活水

自從人間佛教讀書會在社會各階層發展後，許多學校、社團、教育部、國家文官學院等，都紛紛來邀請佛光山提供讀書會的推廣經驗，可以說受到國家的重視與肯定。

每年讀書會都會在全台灣各地巡迴舉行「人間佛教閱讀研討會——經典與人生」，結合專題 演講、論壇、閱讀發表等，闡述人間佛教的精神內涵，讓各地讀書會友們體悟佛法與人生的關係，並且深入經藏，領悟人生的要義。

尤其，一年一次召開的「全民閱讀博覽會」，讓各地讀書會得以回來交流分享；藉由「讀書會帶領人培訓」的活動，培訓了更多有心成立帶領讀書會的幹部，另外，也走入校園推廣「讀報與生命教育」等等，從每個人熱烈參與的情形看來，大家已經漸漸體會到書香味的樂趣。

在帶動讀書會的過程，有幾件人事讓我印象深刻，今略述如下：

其一是遠在外島小琉球的許春發檀講師，他是小琉球分會的會長，一九六一年師範學校畢業後，就投入國小教育，自願回到故鄉小琉球服務。

一九九六年二月我應邀到小琉球，為當地居民舉行三皈五戒，我勉勵會員們說：小琉球雖「小」，我希望將來能成為台灣最美麗的島嶼，更期望小琉球有多一點的人，尤其是青年們加入佛光會，除了促進彼此聯誼外，也能帶動社區活動，進一步還要研究佛法，考取檀講師，發心弘法或來山讀佛學院，這樣佛法才能在小琉球落地生根。

七月，許春發會長就帶領四十

位會員來台環島巡禮，抵達台北道場時，我特別在海會堂和他們見面。他告訴我，小琉球有四個小學、一個中學，一九九六年參加佛學會考者有一千五百人，應考率百分之百。有一年的元宵節，鄉公所舉辦的猜燈謎活動，還請佛光會出題（題庫來自佛學會考考題），答對者由鄉公所贈送獎品。這是多麼佛化的善居地。可見，「佛化小琉球」不是夢想。

二〇〇二年元月，我成立「人間佛教讀書會」，許春發會長響應我的「生活書香化」理念，隨即在

全民閱讀博覽會在金光明寺舉行，大師與愛書人交換好書，大師左二為鄭石岩教授，大師右一為柴松林教授。（2010年7月25日）

小琉球成立「藝文讀書會」，每週四晚上的共讀時光，成了來自護理界、郵局、電信業、教育界及家庭主婦等成員每星期最期待的日子。許春發會長從事國小、國中教育，有四十年的經歷，深知小琉球地處離島漁村，過去生活困苦，男人忙於漁業，早出晚歸，或出海數月、近年；讀書不多，長年身涉大海，出入險境，根本無暇而且無力督促子弟讀書；家庭主婦忙於家事、農耕、織作，仰事俯畜，準備漁具及炊煮，有機會讀書、升學的人少之又少。他認為提升教育水平、救貧之道，唯有倡導讀書，因此積極響應護持讀書會。

其二是「漸凍人」陳宏及他的夫人劉學慧女士，靠著讀書會，他們共同走過人生最艱困的階段。陳宏因為罕見疾病，全身只剩下眼睛可以轉動，十一年來，以眼眸書寫靈魂，眨眼寫下三十五萬字創作，締造金氏世界紀錄。

二〇〇九年我曾前往探望，肯定他雖身受苦難，仍為人間寫歷史。我說：「過去我們就常常在報上相遇。」因為我平日勤於閱讀書報，當年陳宏擔任《大華晚報》主編時，就曾應邀參訪佛光山海外的寺院、撰文介紹；《人間福報》創辦之前曾推出月刊，也曾受邀到佛光山參與三天的研討會，分享刊物編

人間佛教讀書會總部、財團法人佛光淨土文教基金會、南華大學與佛光大學主辦的「二〇一三年全民閱讀博覽會——生活有書香」北部場，於佛光山金光明寺舉行，兩千位愛書人參會。（2013年8月4日）

輯心得，他也是攝影名家，曾經擔任各大攝影比賽、影展評審，在世新大學前身傳播學院任教二十餘年。

劉學慧女士在照顧陪伴陳宏之餘，擔任了兩屆漸凍人協會理事長，以大愛之心服務漸凍人病友。為照顧因運動神經元疾病臥床的先生，劉學慧女士毅然自華江高中教務主任職務提前退休。在照顧陳宏的過程，也曾有低潮的時候，她很感謝讀書會的成員們不斷給予鼓勵，帶給他們源源不絕的力量。

第三位要說的就是魏訓章居士，不識字的他，一生務農，為人純樸、耿直。一九九二年加入佛光會，改變了他原本平淡勞碌的人生。二〇〇二年員林講堂住持滿舟開辦讀書會，邀請學校老師、校長親自帶領，成為員林最有書香氣息的寺院道場。滿舟將每間教室設計為優雅的讀書室，門口掛著不同讀書會的名字，無論識不識字的人都可以參加，大家在這一間間讀書室裡閱讀暢談。

自從參加了讀書會，魏訓章就開始跟著習字閱讀，老師將佛教詩偈用各種音調的唱法，讓大家不僅歡喜唱，還討論其中的含義，結束後，魏訓章就回去哼唱給他所栽植的木瓜聽。令人津津樂道的公案，就是他所種植的木瓜，竟然兩度經歷颱風肆虐而屹立不搖。魏訓章說，眼看著其他農田的木瓜都倒了，只有自己的木瓜沒有倒。他說：「讀過書的木瓜，就是不一樣。」雖不識字，魏訓章卻在讀書會的高僧詩偈語錄裡，找到快樂的泉源。

第四位是被稱為「美髮院哲學家」的洪明郁居士，他是熙格沙龍連鎖店的老闆，年輕有為，在美髮界頗負盛名，台北與宜蘭共有十三家分店，每週日上午八點十分，十三個人間佛教讀書會在各分店同步進行。

二〇〇二年，他在參加讀書會培訓後，就把我的書香理念推廣到自己的企業，以及員工、客戶身上。每星期他親自召集「店長讀書會」，店長回去後則繼續帶領店員一起讀書。

他說，一般的美髮院員工多是不愛讀書的年輕人，員工們剛開始聽到他要推廣閱讀，心裡也很排斥。後來，他透過許多巧妙的方法帶領，讓所有的店長在平日不敢說、不擅說、不愛思考的習慣，通通在讀書會裡有了開口與交流的機會。

這些年輕的店長從排斥、接受到喜歡閱讀，再回到各個連鎖店裡，帶領著更多的美髮員工讀書，沒多久，員工們邊洗頭邊分享自己閱讀的精彩內容，成了客戶喜歡再來的原因，多半是婆婆帶著媳婦、媽媽帶著女兒的客戶們，一來就是十幾年。員工們發現：因為閱讀，漸漸取代過去邊洗頭邊聊八卦的壞習慣，現在因為有了書香味，不僅增加客戶的信賴，還有客戶主動加入他們每週一次的讀書會。

在台中市區，還有一個曾經是「麻將會」轉變為「讀書會」的故事。佛光會員邱淑惠剛搬進新的社區大樓，在一次大廈管理委員會議中，見到鄰居們為各自利害關係，各說各話、沒有共識，整個會議吵吵鬧鬧、互不相讓，委員們更是從言語交鋒到肢體衝突，摔椅子、翻桌子，幾乎要大打出手，那一幕把她嚇壞了。有趣的是，這些委員雖然會議中話不投機，私底下卻又興趣相投，晚上聚在一起，聊工作、談政治、打麻將。

當時也是「快樂讀書會」帶領人的邱淑惠，就找來幾位好鄰居共組「好鄰居讀書會」，這幾位都是每天抱怨先生打麻將的太太，在這些基礎的成員裡，一步步說服更多支持的鄰居們，加入讀書的行列。自從有了讀書會，他們在閱讀討論中，重新找到生活的目標、找到教育子女的方法，也拉近彼此的距離，增加彼此的了解，更讓社區居民感情融洽，而這群讀書會員也都自告奮勇輪流擔任社區主任委員，舉辦許多活動，讓社區更有活力。

書香社會與人生

二〇一二年徒眾講習會，歐洲的滿謙報告，讀書會凝聚了葡萄牙里斯本的信眾。葡萄牙佛光山的讀書會，分跨各個年齡層。除了婦女、金剛讀書會之外，也有兒童、青少年類型，成員多以葡文進行共讀、討論。讀書會為里斯本市中心商圈的華人店家，帶來豐富的心靈資糧。

另外，「日日是好日」茶禪悅樂的盛會，在歐洲十一個城市巡迴後，參加過茶禪文化洗練的葡萄牙里斯本信眾們，久久難忘，決定以書香會友的聚會來提升生命品質。

隨著這群包括大學教授與佛光會幹部愛書人的積極發心，影響力慢慢擴及到市中心的商家。這些店主在忙過生意之後，就會相約在商業大樓內，或在自家商店內進行讀書會。《佛光菜根譚》短短幾十字，引領他們思考人生多元面向與價值，漸漸地，他們了解人生不是只以賺錢為目的，讀書會可以擴大眼界、開拓視野。這些企業讀書會，多是由金毅居士所召集，他們每週聚集一起閱讀，讀書時間成為生活中最快樂的時光之一。

特殊的是，由葡萄牙覺心法師和莊寅彩督導帶領的葡文讀書會，吸引許多當地人加入讀書會。葡籍知識分子中，不乏學員每星期不辭辛苦地搭乘火車來回七小時參加。讀書會像一座橋梁，促成更多人加入將我的著作翻譯成葡文的行列，於是一本葡文版、一本中文版，對照講解後翻譯，在他們的集體創作下，不但將《八大人覺經》翻譯成葡文，甚至將我巴西葡文的著作，翻譯成葡萄牙語，*Conceitos Fudamentais do Budismo*（《佛法概論》）、*Budismo Significados Profundos*（《佛教教理》）這兩本書，現在已由Zefiro出版社在葡國發行，相信會是人間佛教在當地發展的新契機。

隨著閱讀的書籍越來越豐富，他們漸漸懂得要廣結善緣，原本在商圈中彼此有生意競爭的緊張感，透過讀書會，大家因有共同的理念，相處轉為和諧、融洽。後來「坐而言，不如起而行」，更進一步投入佛光會的服務，參與社會公益，連兒童讀書會的小朋友，都懂得將撲滿的儲蓄捐出來幫助弱勢。

記得覺培告訴我，馬來西亞「二〇一二年第一屆『智慧創新』全國教師生命教育研習營」，在佛光山東禪寺展開三天的研習，共有三百位教師報名參加。由馬國教育部副部長魏家祥博士特別指導，全國教師聯誼會協辦，東禪佛教學院承辦，是大馬教育部第一次承認研習學分的研習營。

回顧讀書會已成立十幾年，朗朗讀書聲從山巔到海邊，從知識分子到不識字的歐巴桑，也從寺廟裡讀到社區、公園，乃至家庭，許許多多的人因為參加讀書會而獲得知識的增長，心靈的淨化，氣質的改變。有人因參加讀書會，憂鬱症不藥而癒，有人因讀書會，夫妻破鏡重圓；想不到讀書因「會」而拉近人與人的距離，增加自信，提升自己的知識學習，也結識更多的書香之友。

感謝高希均教授、柴松林教授、鄭石岩教授、陳怡安博士、簡靜惠女士及方隆彰老師，常常參與讀書會總部舉辦的大型閱讀活動及培訓課程。十幾年來，人間佛教讀書會總部走過十六個國家、一百七十四個城市，舉辦四百九十一場培訓課程，與近十萬個愛書人分享有效帶領閱讀，善用各種材料方法，閱讀的觸角從家庭到學校，從寺廟到監獄，從都市到鄉村，從台灣到世界。

過去有人說，只要我們中華民族有讀書的種子、有讀書人，中華民族就會不斷地發揚光大，中華文化就會在世界上熠熠生輝，我希望全球佛光人帶領起佛教徒愛讀書的風氣，身為父母要鼓勵子女多讀書，為人子女也要送書給父母，朋友往來以書為贈禮，讓國家因書而富，社會因書而貴，讓人人過一個書香的人生。

大師主持葡文版《佛法概論》新書發表會，此書被巴西佛教界譽為當地佛教史上第一部教科書，甫出版即榮登銷售排行榜第一。（2003年10月6日）

自學之道 / 星雲大師作 . -- 初版 . -- 新北市
: 臺灣商務 , 2019.08
272 面 ; 14.8*21 公分 . -- (Ciel)
ISBN 978-957-05-3212-8 (平裝)

1. 佛教修持 2. 自主學習

225.87 108007129

Ciel

自學之道

作　　者：星雲大師
發 行 人：王春申
總 編 輯：李進文
策　　劃：林明昌
責任編輯：林蔚儒
內頁排版：鄭佳容

業務組長：陳召祐
行銷組長：張傑凱
出版發行：臺灣商務印書館股份有限公司
23141 新北市新店區民權路 108-3 號 5 樓（同門市地址）
電話：(02)8667-3712　傳真：(02)8667-3709
讀者服務專線：0800056196
郵　　撥：0000165-1
E-mail：ecptw@cptw.com.tw
網路書店網址：www.cptw.com.tw
Facebook：facebook.com.tw/ecptw

局版北市業字第 993 號
初　　版：2019 年 8 月
印　　刷：沈氏藝術印刷股份有限公司
定　　價：新台幣 350 元
法律顧問：何一芃律師事務所